KRÓTKA PIŁKA

Projekt okładki
Paweł Panczakiewicz/PANCZAKIEWICZ ART.DESIGN

Zdjęcia
Piotr Matusewicz/East News, Reporters/GYS/REPORTER,
Wojciech Strozyk/REPORTER (okładka),
zdjęcia wewnątrz książki: Bob Thomas/Getty Images, AFP/EAST NEWS,
Piotr Kucza/FOTOPYK, Golders/@annalewandowskahpba/EAST NEWS,
Michal Sadowski/FORUM, Mustafa Yalcin/Anadolu Agency/
Getty Images, Oleg Nikishin – FIFA/FIFA via Getty Images

Korekta
Beata Stadryniak-Saracyn

Skład
Tomasz Erbel

Wydawca
Czerwone i Czarne Sp. k.
ul. Walecznych 39/5
03-916 Warszawa

Druk i oprawa
Toruńskie Zakłady Graficzne
„Zapolex" Sp. z o.o.
ul. gen. Sowińskiego 2/4
87-100 Toruń

Wyłączny dystrybutor
Firma Księgarska Olesiejuk Sp. z o.o. sp. j.
ul. Poznańska 91
05-850 Ożarów Mazowiecki
www.olesiejuk.pl

ISBN   978-83-7700-320-6

Warszawa 2018

Książkę wydrukowano na papierze Creamy 80 g
dostarczonym przez Zing Sp. z o.o.

ZiNG

www.zing.com.pl

KRÓTKA PIŁKA
Bez dyplomacji o reprezentacji, mistrzostwach, Lewandowskim

Mateusz Borek
Cezary Kowalski

Warszawa 2018

Wstęp

Ta opowieść to nasze subiektywne spojrzenie na piłkarską reprezentację Polski. Bez zbędnej, naszym zdaniem, dyplomacji. Nie szukaliśmy na siłę sensacji, ale nie brakuje tu piłkarskich i okołopiłkarskich wątków, o których z pewnością wielu Czytelników nie ma pojęcia. Pokazujemy kulisy, ale nie wyważamy drzwi kopniakiem. Patrzymy na wydarzenia z bliska, a często nawet będąc w samym ich ogniu, bo od dwudziestu lat towarzyszymy zawodowo (i nie tylko) reprezentacji.

Poznaliśmy się na studiach w latach dziewięćdziesiątych. Przez dwie dekady, będąc przyjaciółmi, nasze drogi zawodowe schodziły się i rozchodziły wielokrotnie. Pracowaliśmy w różnych mediach papierowych i elektronicznych. Dziś obaj jesteśmy częścią wspaniałej ekipy Polsatu Sport. Aby opowiedzieć o drużynie, która jest chlubą całej Polski, postanowiliśmy użyć formy luźnej rozmowy dwóch kumpli absolutnie zbzikowanych na punkcie piłki. Pewnie trochę podobnej do tych, które toczą tysiące naszych rodaków przy okazji każdego turnieju czy meczu, bo przecież my,

Polacy, najlepiej znamy się na piłce i polityce. OK, my też gadaliśmy przy piwie, choć wulgaryzmów staraliśmy się unikać. Wyruszamy w sentymentalną podróż, opisując wielkie turnieje, mecze i wydarzenia, których byliśmy świadkami. Ale także te, które w szczenięcym wieku śledziliśmy na ekranach czarno-białych telewizorów w swoich rodzinnych domach. W Dębicy (Mateusz Borek) i na warszawskim Ursynowie (Cezary Kowalski). Staramy się rzucić światło na wyjątkową drużynę Adama Nawałki i ludzi z nią związanych. Z niektórymi jesteśmy nawet zaprzyjaźnieni. Powie ktoś, że reporter powinien zachowywać dystans. Zgadza się, my co prawda w tej rozmowie nie zawsze go zachowujemy, ale... jesteśmy usprawiedliwieni. Piłka to nie tylko nasza praca, ale także nasze życie. Po prostu pasja. Pisząc o ludziach polskiej piłki, celowo zrezygnowaliśmy z formuły „na pan", skoro z większością jesteśmy „na ty". Czasem się ze sobą zgadzamy, czasem patrzymy na wydarzenia z całkiem innej perspektywy. Niektóre historie związane z kadrą przedstawiamy także po to, aby się z nich trochę pośmiać. Ale w wielu przypadkach jest to śmiech przez łzy. Sporo było drużyn w historii polskiej piłki, które kompletnie nie wykorzystały swojego potencjału. Może czasem brakowało klasowego bramkarza, czasem obrońców, czasem napastnika, a czasem rozsądnego głosu trenera, który powinien wskazać odpowiednią drogę. Najczęstszą i najpoważniejszą przyczyną naszych niepowodzeń były jednak rozpierducha organizacyjna i brak profesjonalizmu.

Książkę oddaliśmy do druku tuż przed wyjazdem na mundial w Rosji. Z ogromną nadzieją, że będzie to kulminacja wielkiego projektu Adama Nawałki, który dwa lata wcześniej narobił apetytu ćwierćfinałem mistrzostw Europy. Na zdrowy rozum, biorąc pod uwagę, że większość zawodników osiągnęła właśnie najlepszy dla piłkarzy wiek i ma już odpowiedni bagaż doświadczeń, właśnie w Rosji powinniśmy postawić kropkę nad „i". O dziwo, ten nasz optymizm ostudził nieco... Robert Lewandowski.

Z naszym kapitanem i jednym z najlepszych napastników świata spotkaliśmy się w apartamencie nr 574 wrocławskiego hotelu Monopol podczas zgrupowania przed towarzyskimi meczami z Nigerią i Koreą Południową. Robert zgodził się być częścią naszego projektu i przyjął formułę „bez autoryzacji". W długiej rozmowie poznacie Roberta, jakiego nie znaliście. Szczerego chłopaka, który jak nigdy wcześniej opowiedział o meandrach życia prywatnego i zawodowej kariery. Tutaj nic nie jest wygładzone, wręcz nieco chropowate, i takie ma być. Prawdziwe.

A zatem krótka piłka i bez dyplomacji: takiego wywiadu jeszcze nie było...

Cezary Kowalski, Mateusz Borek

Rozdział I
Nasze polskie mundiale

MUNDIAL-82

Podczas tego turnieju narodziła się
nasza pasja. Na zdjęciu
Stefan Majewski i Paweł Janas atakują
Belga Frankiego Vercauterena.
Obaj zostali później selekcjonerami
reprezentacji. Przegadaliśmy
z nimi wiele godzin.

HISZPANIA 1982

MATEUSZ BOREK: Niemal z fotograficznymi szczegółami pamiętam wszystko: rudawopomarańczowe fotele w naszym dębickim mieszkaniu, malutki czarno-biały telewizor, do którego trzeba było podchodzić i ręką przełączać kanał. Mój tata, który zawodowo zajmował się kulturą, nigdy nie był pasjonatem sportu ani piłki nożnej, siadał przed telewizorem tylko raz na cztery lata i razem oglądaliśmy mundial. Ten, w 1982 roku, to mundial naszego pokolenia, który pamiętamy już dokładnie, kojarząc poszczególnych piłkarzy i reprezentację. Pamiętamy każdą bramkę Bońka z Belgią i praktycznie każdy mecz reprezentacji na tym turnieju, od 0:0 z Włochami przez 0:0 z Kamerunem i 5:1 z Peru. Później Belgia 3:0 i tańczący w narożniku Włodek Smolarek podczas zwycięskiego 0:0 ze Związkiem Radzieckim. Potem 0:2 z Włochami. Ten mecz grali po południu i ciężko się go oglądało, bo świeciło słońce. Po latach się okazało, że paru zawodników było zmęczonych, a Józka Młynarczyka przez kilka dni nie mogli znaleźć, bo po awansie do półfinału zniknął. Odnalazł się kilka czy kilkanaście godzin przed meczem z Włochami. To była tajemnica poliszynela... Jak dzisiaj przeanalizujemy jego interwencje, to widać wyraźnie, że kilka razy był spóźniony. Popili chłopaki generalnie...

CEZARY KOWALSKI: Na warszawskim Ursynowie, który już wtedy był największym osiedlem w Polsce, podczas meczów na ulicach były pustki. Dosłownie jakby blokowiska wymarły, wszyscy chowali się w domach. Nie było wtedy ważniejszej rzeczy na świecie. I tylko te wybuchy radości: jest!, jest!, jest! goool! Niosące się po balkonach, kiedy nasi po dwóch meczach 0:0 zaczęli jechać z Peru. My też nie mieliśmy kolorowego telewizora. Jak przegraliśmy z Włochami w półfinale, to zamknąłem się w swoim pokoju i ryczałem jak bóbr. Mama wspomina, że nie chciałem jeść kolacji. A ojciec, matematyk Politechniki Warszawskiej, klął jak gość spod budki z piwem, nerwowo chodząc po pokoju. Dużo lepiej pamiętam te wszystkie mecze i emocje niż mistrzostwa świata i mistrzostwa Europy, na których później byłem zawodowo. Bez dwóch zdań, w 1982 roku przeżyłem jedne z najpiękniejszych chwil mojego dzieciństwa.

M.B.: Wtedy w narodzie panowało przekonanie, że mecz z Włochami po prostu musieliśmy przegrać. Że nie mogli pozwolić, aby biedny kraj zza żelaznej kurtyny dostał się do finału kosztem wielkiej Italii. Do tej teorii podłączali się chętnie również ludzie związani z polską piłką, bo była im bardzo na rękę. Nawet Zbyszek Boniek wiele lat później mówił, że spotkał sędziego, który dał mu kartkę eliminującą go z udziału w półfinale. Sędzia powiedział mu podobno, że dostał polecenie, żeby wykluczyć najlepszego polskiego zawodnika. Nieco naciągana teoria. Ale z drugiej strony? To tak jakby dziś z najważniejszego dla nas meczu sędzia wykluczył Roberta Lewandowskiego. Wszyscy na świecie przecież zdają sobie sprawę, że bez niego nasza kadra traci pięćdziesiąt procent wartości. A Boniek wówczas odgrywał taką rolę, jak dziś Lewandowski. Zbyszek był nie tylko największą wartością sportową reprezentacji, piłkarzem, który sam potrafił zmienić losy meczu, wygrać spotkanie, strzelić, podać, ale mam takie wrażenie, graniczące z pewnością, że inni piłkarze przy Zbyszku grali o trzydzieści procent lepiej, tak jak dziś grają przy „Lewym".

Wszyscy z tego turnieju pamiętamy Węgry – Salwador 10:1. Dogadany mecz Austrii z Niemcami, kiedy po raz pierwszy przekonaliśmy się o tym, że sport na poziomie mistrzostw świata również może być ustawiany.

C.K.: Jak się później rozmawiało z uczestnikami mundialu, wspominali, że byliśmy chyba jedyną reprezentacją na tym turnieju, która nie mieszkała nawet w klimatyzowanym hotelu. W pokojach panował czterdziestostopniowy upał. I ten koszmarny powrót samolotem, któremu podwozie nie chciało się otworzyć. I gigantyczne opóźnienie. Na Okęciu godzinami czekały tysiące ludzi. Tak jakoś się składa, że z dużych turniejów, na których zdobywaliśmy medale, zawsze powrót był trudny. Jak piłkarze wracali z Barcelony w 1992 roku, to z samą maszyną nie było problemów, ale mało kto mógł z niej wyjść o własnych siłach...

Do dziś mnie zastanawia, skąd polscy piłkarze mieli tak waleczne podejście do meczu o trzecie miejsce z Francją. Francuzi wystawili rezerwowy skład, tak jakby byli obrażeni na sytuację, przez którą nie grali o złoty medal. Jednak dla nas to był niezwykle istotny mecz, chcieliśmy za wszelką cenę zająć trzecie miejsce i stanąć na podium mistrzów świata. To było naprawdę coś, co wyróżniało polską reprezentację. Z kolei Francuzi po tym nieprawdopodobnym półfinale z RFN przegranym karnymi, grali tak, jakby zeszło z nich całe turniejowe napięcie. Były trener Holendrów Louis van Gaal powiedział po ostatnim mundialu w Brazylii, że właściwie nie powinno być meczu o trzecie miejsce, bo to jest mecz dwóch przegranych, którzy już chcą jechać do domu i w ogóle nie ma sensu o to walczyć.

M.B.: A my jednak grając dwa razy o trzecie miejsce, bo przecież też w 1974 roku pokonaliśmy na sam koniec Brazylię, mieliśmy ambicję, pasję, żeby wygrać. Walka do końca, piękne gole. Za to się kochało naszą reprezentację. To kształtowało kibiców, i nas, dzieciaków, również.

Pamiętam zgrupowanie przed tymi mistrzostwami świata. Odbywało się w Straszęcinie, oddalonym kilkanaście kilometrów od mojej

Dębicy. To było dziwne miasteczko zbudowane przez prezesa PZPN, późniejszego ministra rolnictwa Edwarda Brzostowskiego, szefa kombinatu rolno-przemysłowego Igloopol. W tamtych czasach to był rzeczywiście niesamowicie nowoczesny ośrodek – boiska, hotel z krytym basenem, jakieś pierwotne zalążki spa, korty tenisowe. Za komuny to była namiastka prawdziwego Zachodu.

Z kumplami pieszo chodziliśmy kilkanaście kilometrów z Dębicy do Straszęcina, aby obejrzeć trening. Wtedy wyszła książka „100 najlepszych piłkarzy świata". Z polskich zawodników byli tam Boniek, Smolarek oraz Młynarczyk. Z tą książką pod pachą maszerowałem do Straszęcina, gdzie z wypiekami na twarzy oglądaliśmy trening reprezentacji Antoniego Piechniczka. Podszedłem do nich po autografy – do Józka Młynarczyka, do Włodka Smolarka i do Zbyszka Bońka. Po latach znalazłem tę książkę i przyniosłem Zbyszkowi. Życie zatoczyło koło. Wtedy byłem dziewięcioletnim chłopakiem, który szedł dziesięć kilometrów piechotą w jedną stronę, żeby zobaczyć pana Bońka i gwiazdy reprezentacji, które jechały na mistrzostwa świata. A po latach zostaliśmy ze Zbyszkiem więcej niż dobrymi kolegami.

Miałem hopla na punkcie encyklopedii sportowych, książek, tak samo gazet. Do kiosku na osiedlu przychodziły trzy „Tempa", czasem tylko dwa. Więc jak nie pobiegłeś do kiosku rano o 6.50, to nie było szans, żeby kupić, idąc do szkoły o 7.15.

C.K.: Ja miałem teczkę na „Przegląd Sportowy", bo mama mojego kumpla z podstawówki pracowała w kiosku. Polowałem jeszcze na „Żołnierza Wolności" dla plakatów zespołów muzycznych i „Razem", bo dawali gołą babę.

M.B.: Kiedyś dostałem od ojca prezent. Takie małe pudełko zawinięte w trzydzieści egzemplarzy „Tempa". Ojciec wziął je z Domu Kultury, gdzie pracował. „Tempo" mieli w prenumeracie, ale nikt tam się nie interesował sportowymi gazetami. Ja z kolei nie byłem zainteresowany, co za prezent jest schowany w pudełku, tylko od razu rozłożyłem tych trzydzieści gazet i czytałem od dechy do dechy, ucząc się składów drużyn, rysowałem sobie tabele.

C.K.: A ja po tych mistrzostwach świata od razu chciałem iść na prawdziwy mecz reprezentacji, ale nie grali go w Warszawie. Poszliśmy więc na pierwszy, jaki był możliwy, czyli Legia – Stal Mielec. To było późnym latem 1982 roku. Zabrał nas tata mojego kolegi Jacka Falby, zresztą mąż pani z kiosku, która zostawiała mi „Przegląd Sportowy". Pan Gienek od razu wyjaśnił, dlaczego idziemy na Legię, a nie na Gwardię, choć z Ursynowa mielibyśmy bliżej. „Gwardia to milicyjny klub. Będziecie chłopaki kibicować Legii". I tak zostało. Było 2:2. Stefan Majewski strzelił wówczas gola. Mecz na żywo przy Łazienkowskiej zrobił na mnie tak wielkie wrażenie, że już wtedy zaplanowałem, co będę robił w przyszłości: albo zostanę piłkarzem, albo dziennikarzem sportowym. Oczywiście „Przeglądu Sportowego", co zakomunikowałem rodzicom i wszystkim naokoło. Co ciekawe, po latach pracowałem w „Przeglądzie", pełniąc tam nawet jakieś menedżerskie funkcje, ale oczywiście już wtedy nie traktowałem tego jako spełnienia marzeń, bo rola mediów papierowych mocno się w ciągu tych lat przewartościowała.

M.B.: Wiadomo, człowiek kochał grać w piłkę, nawet mi się wydawało, że mogę spokojnie iść trenować do klubu, ale nie dostałem zgody od taty, bo mając osiem lat, niestety, zdałem do szkoły muzycznej. Notabene, jak szedłem na egzamin, ojciec mi powiedział, że nie puści mnie na mecz Wisłoka – Piotrków Trybunalski, grupa VIII, trzecia liga, wtedy był podział na osiem grup trzeciej ligi.

C.K.: Pamiętasz skład?

M.B.: Andrzej Garlej, Bronisław Drzyzga, w bramce Andrzej Holli, Jerzy Ziarkowski z przodu, nieżyjący już Wiesiu Bielatowicz, jego brat Andrzej, parę lat później Piotr Bochniewicz, ojciec obecnego reprezentanta młodzieżówki Pawła Bochniewicza.
Mimo wszystko próbowałem grać. Strzelałem mnóstwo bramek. W wieku chyba jedenastu lub dwunastu lat pojechałem nawet na turniej wojewódzki. Byliśmy napakowani, wszystkich ogrywaliśmy w podstawówce, łoiliśmy tych o dwa, trzy lata starszych. Wydawało nam się, że naprawdę

jest nieźle. Na tym turnieju zagraliśmy z prawdziwą szkołą sportową, gdzie wszyscy trenowali na co dzień w klubie. Pierwszy raz w życiu graliśmy na dużym boisku. A tam każde podanie wymagało zupełnie innej siły, każde uderzenie, każde dośrodkowanie, przerzut. Przegraliśmy chyba 0:6 i zacząłem sobie zdawać sprawę, że piłkarzem nie będę. Chyba każdy młody chłopak w tamtym czasie widział siebie oczyma wyobraźni, jak stoi na Stadionie Śląskim, 90. minuta, karny, strzela! Nie ukrywam, miałem takie projekcje.

C.K.: Ja miałem lepszych bohaterów niż ty. Legionistów z tamtych czasów. Trenerem był Kazimierz Górski, a w drużynie oprócz Majewskiego grał Janusz Baran, Leszek Iwanicki, Henryk Miłoszewicz, Zbigniew Kaczmarek, Janusz Turowski, Krzysztof Adamczyk czy Zbigniew Kakietek. Wszyscy znakomici zawodnicy.

M.B.: Mnie było trudniej zakochać się w piłce ligowej, ale później Igloopol awansował do ekstraklasy i pojawili się już inni piłkarze, znani ligowcy, jak Kaczówka, Józef Stefanik, grał Krzysiu Nalepka, Sławek Majak, w bramce Alek Kłak, Jacek Zieliński Marek Bajor, wypożyczony z Wisły Mateusz Jelonek, Zdzisiu Strojek, Leszek Kucharski, po latach Jurek Podbrożny. No i Leszek Pisz. Wielu było fajnych zawodników w Igloopolu na poziomie ekstraklasy. Wreszcie miałem gdzie szukać swoich idoli.

C.K.: Ja później miałem jednego najważniejszego. Darka Dziekanowskiego. Tysiące kibiców Legii szturmowało bramy warszawskiego, archaicznego jeszcze wtedy stadionu, aby zobaczyć w akcji jego – „Dziekana". Szło się oczywiście na Legię, ale także „na Dziekana". Chłopaka ze stołecznego osiedla (Darek wtedy mieszkał chyba na Woli), który był uosobieniem prawdziwego warszawiaka. Pewnego siebie przystojniaka, który nie dawał sobie w kaszę dmuchać, no i drażnił wszystkich poza stolicą. Był bajecznie wyszkolony technicznie, nosił „dychę" na koszulce, na co dzień ubierał się ekstrawagancko, dyktował trendy. Mimo wielu cech złego chłopca, miał w sobie coś szlachetnego. Coś, co nas do niego przyciągało. Każdy chłopak w podstawówce chciał mieć taką grzywkę jak on, i wszyscy grając w piłkę, szeroko rozstawialiśmy ręce. Bo „Dziekan" tak robił. Dziewczyny zdobiły ściany plakatami Darka obok Limahla, Modern Talking i Kajagoogoo. Fama o jego podbojach miłosnych, wyczynach motoryzacyjnych czy dyskotekowych niosła się po całej Polsce. Już wtedy w praśnych latach schyłku komuny próbująca łapać trochę oddechu telewizja widziała w nim potencjał. Zapraszano go do jedynego wówczas cyklicznego rozrywkowego programu „Jarmark" (Wojciech Pijanowski, Krzysztof Szewczyk, Włodzimierz Zientarski). Zagrał też siebie w kultowym „Piłkarskim pokerze" Janusza Zaorskiego. Był w Warszawie autentycznym idolem, postacią o wymiarze nie tylko sportowym, ale chyba nawet popkulturowym. Kiedy wyjeżdżał do Celticu Glasgow, wszyscy czuliśmy, że w Legii skończyło się coś ważnego. Co prawda grał już ściągnięty z Gwardii Warszawa szybki jak wiatr, charyzmatyczny Romek Kosecki, ale gdzie mu było do „Dziekana"? Pamiętam, że ksiądz, który w ursynowskiej parafii przygotowywał nas do bierzmowania, nie mógł się nadziwić, dlaczego wszyscy chłopcy w grupie przybrali sobie imię... Dariusz. Po latach, jako początkujący reporter, z wypiekami na twarzy pognałem na wywiad ze swoim dawnym idolem, który wrócił do Polski na piłkarską emeryturę. Tytuł wywiadu zaczerpnąłem z przeboju Haliny Frąckowiak: „Nie wszyscy wielcy już przestali grać". Dziś wobec żadnego z naszych ligowców o podobny tytuł już bym się nie pokusił. Wtedy nie spodziewałem się, że będę z Darkiem miał przyjemność pracować w telewizji przy okazji wielu wydarzeń piłkarskich.

M.B.: Wracając do mundialu 1982. Bezsprzecznie odcisnął na nas nieprawdopodobne piętno. Ta wspaniała włoska drużyna, która czarowała z Tardellim, Rossim, Antognonim, Altobellim, Zoffem. Polska była trzecia na świecie, ale wówczas panowało lekkie rozczarowanie, bo jednak to była powtórka z 1974 roku, wtedy jeszcze wydarzenia dość świeżego. Co prawda cztery lata wcześniej w Argentynie, jadąc po mistrzostwo świata, zajęliśmy miejsce 5–8 i to dopiero był dramat. Rozdzieranie szat. Andrzej Iwan twierdził jednak, że w 1982 roku mieliśmy słabszą drużynę niż w Argentynie i że trzecie miejsce w Hiszpanii było na jej miarę.

C.K.: Z tych mistrzostw utkwiła mi w pamięci transmisja telewizyjna z powitania na warszawskim lotnisku. Ludzie tam czekali sześć godzin, bo lądowanie wciąż się opóźniało, a jak piłkarze wyszli do hali przylotów, tłum śpiewał: „Już za cztery lata, już za cztery lata Polska będzie mistrzem świata". I ja, jako dziesięcioletni chłopak, byłem przekonany, że za cztery lata to już na sto procent się uda.

M.B.: Reakcje kibiców są trudne do przewidzenia. Po mistrzostwach Europy we Francji, gdzie doszliśmy do ćwierćfinału, na lotnisku pompa była tak wielka, jakbyśmy sięgnęli po złoty medal. Wszyscy się zachwycali, że jest super. A jak drużyna wracała z Argentyny z piątym miejscem na świecie, to na tym samym lotnisku ludzie chcieli naszych niemal ukrzyżować...

MEKSYK 1986

C.K.: Cztery lata po mundialu w Hiszpanii wyszliśmy z grupy z Marokiem, Portugalią i Anglią. Później czekała na nas Brazylia i popłynęliśmy 0:4. W stosunku do oczekiwań to była prawdziwa katastrofa. Płacz. Z perspektywy 1982 roku to była klęska.

M.B.: W pierwszym meczu z Marokiem 0:0 w słupek strzelił Jasiu Urban, potem gramy mecz z Portugalią, Włodek Smolarek tam cisnął. Dostał świetne podanie od Darka Dziekanowskiego. Wymęczyliśmy 1:0. I potem Anglia. 0:3, trzy bramki Linekera. I gramy z Brazylią, moim zdaniem fantastyczne trzydzieści minut w tym meczu, poprzeczka Karasia, słupek Tarasiewicza przy stanie 0:0, potem bardzo wątpliwy karny, strzela Careca, i od tej bramki mecz się zmienia. Boniek kilka razy próbował strzałów przewrotką. Co szła piłka, to nożyce.

C.K.: Potem Boniek powiedział, żebyśmy nie narzekali, bo teraz przez lata będziemy czekali na następny udział w turnieju. To była klątwa. Szesnaście lat trzeba było czekać.

KOREA/JAPONIA 2002

C.K.: Ten mundial przeżywaliśmy już jako reporterzy mediów. Pojechaliśmy do Korei jak na zawodową i sportową przygodę życia...

M.B.: Jechałem z nadzieją małolata, że wydarzy się coś dużego.

C.K.: Już wtedy patrzyłem bardzo krytycznie na naszą drużynę. Może także dlatego, że ówczesny selekcjoner Jerzy Engel zrobił z kadry taką oblężoną twierdzę. Uznawał tylko tych reporterów, którzy bili brawa. Trochę się zmienił od czasów, kiedy zaraz po objęciu reprezentacji wpadał do nas do redakcji „Życia Warszawy" z kurczakami i zgrzewkami piwa. Szef działu Janek Zabieglik zarządzał wtedy przerwę w robocie i przy tych kurczakach i piwie snuliśmy plany awansu na mistrzostwach świata w nowej konfiguracji. Zresztą wtedy zmieniała się forma dialogu z mediami. Jego poprzednik Janusz Wójcik zapraszał „szakali", jak mówił o dziennikarzach Kazimierz Górski, do restauracji. Najczęściej do „Kogucika" na Mokotowie.

M.B.: Ale trzeba zacząć od tego, że Engel w tamtym czasie był naprawdę dobrym trenerem i miał pomysł na drużynę, wiedział, czego chce. Zbigniew Boniek zaprosił mnie kiedyś na kolację z nowym selekcjonerem. W pewnym momencie zaproponował, aby wszyscy goście na serwetce napisali skład reprezentacji. Do dziś pamiętam, że skład Engela w dziewięćdziesięciu procentach pokrywał się z tym, który później wystawiał w najważniejszych meczach. On już wtedy wiedział, kto ma stać w bramce, że na środku pomocy będzie grał Radosław Kałużny, czego się nikt nie spodziewał, a do ataku wymyślił sobie Pawła Kryszałowicza.

C.K.: Był przygotowany do meczów eliminacyjnych, i w eliminacjach graliśmy fantastycznie, a nikt się tego nie spodziewał. Wcześniej przez kilkanaście lat dostawaliśmy tylko i wyłącznie w łeb, byliśmy przyzwyczajeni do tych „O Jezus Maria!"

Darka Szpakowskiego, który wciąż ubolewał nad jakąś zmarnowaną sytuacją w kluczowym meczu o awans. Wszystko, co najlepsze, przechodziło nam koło nosa.

M.B.: Zaczęliśmy od meczu na Ukrainie 3:1. Pamiętne dwie bramki Olisadebe i jedna Kałużnego, wślizg Świerczewskiego w polu karnym, który przyniósł gola. Tak samo, moim zdaniem, do końca życia będziemy pamiętać przewrotkę Kłosa, który wybił z linii bramkowej przy stanie 2:1 dla Polski. Taka interwencja, która chyba weszła do klasyki polskiej reprezentacji. Nie wiem, jakim cudem on to zrobił, że z przewrotki w powietrzu z linii bramkowej wybił piłkę.

C.K.: Kto w tamtym czasie wymyślił Engela, bo to nie była oczywista kandydatura?

M.B.: Michał Listkiewicz, to był jego wybór.

C.K.: Wydawało się, że kto inny będzie selekcjonerem, że Henryk Kasperczak poprowadzi reprezentację, szanse miał także Franciszek Smuda.

M.B.: Odchodził Janusz Wójcik. Myślę, że po kadencji Janusza, szalonej, jednak nieudanej, bo nieokraszonej żadnym awansem, Engel zaimponował chłopakom z reprezentacji. Czym? Na pewno wiedzą, na pewno spokojem, zupełnie innym językiem niż posługiwał się Wójcik. Przygotowaniem do treningów, dyskutował z chłopakami o takty-ce. Przypomnijmy, że w Januszu pokładano ogrom-ne nadzieje. Patrzyło się na niego jak na człowieka, który przeniesie coś dobrego z piłki młodzieżowej, gdzie sięgnął po drugie miejsce na igrzyskach olim-pijskich.

C.K.: Nie potępiałbym Janusza do końca, bo pamiętaj, że on był jednak przełomem w porówna-niu z wcześniejszymi latami.

M.B.: Nie potępiam, tylko twierdzę, że zawiodła ta jego... trywialność. Mieliśmy wte-dy ciężką grupę eliminacyjną. Szwecja i Anglia były wówczas bardzo mocne. Do dzisiaj mówi się, że niepotrzebnie Tomek Hajto kopnął Ljung-berga, bo gdyby go nie kopnął, to może Szwedzi nie rozjuszyliby się tak bardzo, do końca meczu w Sztokholmie byłoby 0:0, nie przegralibyśmy i pozostałyby jeszcze baraże o Euro 2000. Moż-na spekulować. Rozmawiałem z wieloma piłka-rzami z tamtego pokolenia, których Janusz znał jeszcze z czasów młodzieżówki. Przyjeżdżali na mecze reprezentacyjne jako zawodnicy klubów zagranicznych. Wydawało mi się, że po pierw-szej chwili entuzjazmu, kiedy ogłoszono, że Wój-cik został selekcjonerem, z każdym zgrupowa-niem, z każdym meczem, mieli do niego coraz mniej zaufania. Na początku Janusz był jak ich drugi tata, bo przecież w młodzieżówce dużo z nim przeżyli. Tylko że od tamtych czasów świat poszedł do przodu, piłka poszła do przodu. Jeśli ktoś przyjeżdżał z ligi francuskiej, niemieckiej czy innej czołowej ligi europejskiej, chciał słyszeć więcej dyskusji o taktyce i rozpoznaniu rywala. I o pomyśle na mecz, a nie tylko wysłuchiwać dosyć oryginalnych mów motywacyjnych.

C.K.: To był wulgarny język, ale z początku trafiał do zawodników. Te odprawy „Wójta", które już obrosły legendami... Te jego gadki, które miały działać na zasadzie: to będzie zemsta za krzywdy, które kiedyś wyrządzili nam przedstawiciele narodu rywala... Z Ruskimi mściliśmy się oczywiście za Katyń. Ale nawet na Czechów potrafił coś znaleźć. „A pamiętacie, jak nam te skurwysyny lentilki na granicy zabierali?!". Nawiązywał tu do słodyczy, które kiedyś Polacy masowo przywozili z Czechosłowacji.

M.B.: Janusz potrafił ustawiać z jakimś kolegą numer z telefonem. Kolega miał dzwonić w środku odprawy, Janusz odbierał i mówił do słuchawki: „Witam, panie prezydencie, witam, panie premierze". Podnosił rękę: „Panowie, dzwoni premier", w szatni zapadała cisza, „Tak jest, tak jest, panie premierze". Podczas tych odpraw dzwonił zawsze albo prezydent, albo premier, albo generał. Robiąc chłopaków w konia, budował w ten sposób swoją pozycję. Chciał sprawiać wrażenie człowieka, który wszystko może. Zresztą wtedy naprawdę mógł sporo.

C.K.: Ale fakt jest taki, że za Wójcika zawodnicy zaczęli poważniej podchodzić do gry w reprezentacji. Sławomir Majak, który miał jakieś problemy w Hansie Rostock i doradzono mu, żeby został w Niemczech i skupił się na dbałości o swoją pensję, pakował bagaż i przyjeżdżał do Polski. Podobnie inni. Na kadrze po prostu trzeba było być. Janusz miał posłuch. Z jednej strony piłkarze bardzo się go bali, a z drugiej wiedzieli, że istnieje jakaś wspólnota.

Na zgrupowaniach panowała zupełnie inna atmosfera niż wcześniej. Po meczach też było wesoło, więc każdy chętnie jechał „na kadrę" – tak właśnie mówił później Boniek. Nie przyjeżdżali, żeby zagrać mecz w reprezentacji, tylko przyjeżdżali „na kadrę", żeby na przykład oderwać się od żon, klubowego reżimu, żeby pobyć z kolegami, wyskoczyć na miasto. Mecz był pretekstem. Za Wójcika czy później za Engela, jak zbiórka była wyznaczona na niedzielę, wszyscy przyjeżdżali już w sobotę. Ale na boisku też było widać, że są zgrani. Pierwszy mecz z Węgrami, który wygrali w Warszawie, to była jednak nowa jakość. Taka piłkarska wiosna ludów. Budził się entuzjazm w narodzie, uśpiony przez tyle lat. Wciąż byliśmy słabsi od wielu reprezentacji i nie awansowaliśmy do turnieju, ale... Myślę, choć wiem, że to nie jest popularna teza, że jednak Wójcik przyczynił się do tego, że w tamtym czasie polski futbol w sensie reprezentacyjnym trochę drgnął. Załatwił luksusowy hotel, kucharza, lepsze warunki treningów, najwyższej jakości dresy.

M.B.: Na pewno nie trzeba było grać w fatalnych warunkach, jak często za poprzednich selekcjonerów, na przykład Andrzeja Strejlaua czy Wojtka Łazarka. Wtedy Andrzej Grajewski przed jednym z meczów przywiózł stroje Hamburger SV. Zaklejali emblemat niemieckiego klubu i w tym grała kadra, bo nie było w co się ubrać. Nie mieli butów, nie mieli normalnej płyty do treningów, nie było startowego, czyli pieniędzy wypłacanych za udział w zgrupowaniach. A Wójcik to wszystko załatwił.

C.K.: Poza tym on stworzył jakby drugi ośrodek władzy. Jeden to był PZPN, w tamtym czasie znienawidzony przez kibiców i mający generalnie bardzo złe opinie, a tu była kadra, która stała w kontrze do działaczy. Wójcik celowo tak się pozycjonował. Kadra wyrywała pieniądze, kadra żądała od PZPN różnych rzeczy. Opinia publiczna była po stronie reprezentacji, większość mediów też, a nie po stronie PZPN, co dzisiaj jest oczywiście absurdalne, ale tak było. Doszło do konfliktu z szefem PZPN Marianem Dziurowiczem, do zawieszenia związku. Wtedy kadra była obcym ciałem w PZPN, przynajmniej w ocenie kibiców. Mało tego, Wójcik podejrzewał, że ma wtyczkę w drużynie, którą był Edek Lorens. Uważał, że jego asystent narzucony mu przez Dziurowicza, był człowiekiem władz PZPN i miał przekazywać informacje, co się na tej kadrze wyprawia. Raczej była to spiskowa teoria, ale Wójcik był mistrzem robienia uników, nie wpuszczał Edka na różne spotkania, balowali z chłopakami w zamkniętych pomieszczeniach itd.

M.B.: Wesoło było. Trochę brakowało większego profesjonalizmu w przygotowaniu taktycznym drużyny do meczów, to na pewno szwankowało. Wszystko było oparte na motywacji i na tym, że jakoś to będzie, że ci chłopcy sami sobie poradzą. Ze słabszymi faktycznie sobie radzili, ale jak przychodziło do gry z mocniejszymi, brakowało konkretnego pomysłu, żeby coś ugrać.

C.K.: Pamiętasz atmosferę przed meczem z Anglią? Na stadion Legii na trening reprezentacji przyszło dziesięć tysięcy ludzi, przyjechał premier Buzek, który wręczył Wójcikowi ułańskie czako. Jechaliśmy do Londynu, aby pobić tych Angoli. To był niesamowity show drużyny narodowej. Wcześniej czegoś takiego nie widywaliśmy. Kapitan drużyny Jurek Brzęczyk mówił mi kiedyś, że jak kończyli trenować przed jakimś ważnym meczem, modlili się, żeby tylko nie dojechała kamera TVP. Bo jak pod koniec treningu nagle wjeżdżała kamera, Wójcik zaczynał robić przedstawienie. Skończyli trening, rozciągają się, a on zarządza sprinty, wrzutki, uderzenia, wszystko pod kamerę. Armata! Teraz! Lutuj! Rżnij! Tnij! „Coście mu dali?" – pytał Radek Michalski, jak Wójcik po spotkaniu z dziennikarzami zaczął prowadzić trening. „Coście mu dali, przecież on jest tak nakręcony, że nas zakatuje!"

„Wujo" był showmanem czasem bez żadnych hamulców.

M.B.: Anegdota o tym, jak przygotowywał Tomka Iwana do krycia Davida Beckhama w meczu z Anglią, to już kanon. Przeszedł się po restauracji, w której kadra jadła posiłek, i pytał, kto ma diastemę (szparę między zębami), sprawdzał, patrzył każdemu w zęby. Szukał, szukał i znalazł. I obwieścił, że trzeba Beckhamowi strzelić śliną, żeby wyprowadzić go z równowagi. „A jak do ciebie ruszy, to mu powiesz po angielsku, że everybody mieli tę twoją Victorię. Wtedy się Beckham zagotuje i będzie po nim. Zresztą i tak jest przereklamowany, nie umie grać w piłkę, tylko dośrodkowuje, dryblingu zero" – tłumaczył osłupiałym zawodnikom, bo wszyscy w tamtym czasie uważali, że „Becks" jest jednym z kilku najlepszych graczy na świecie.

U Wójcika piłkarze balowali razem, a selekcjoner robił dobrą atmosferę. Integrował się z dziennikarzami, politykami, ludźmi show-biznesu. Uwielbiał bratać się z władzą. Przyjeżdżali do niego posłowie z Ryszardem Kaliszem na czele, wojskowi, generałowie. Od samego południa w „Zbrojowni" w warszawskim hotelu „Sobieski" trwały suto zakrapiane bankiety. Janusz miał gest, ale... nie lubił płacić. Od tego był człowiek od tzw. końcówek, czyli dyrektor reprezentacji Krzysztof Dmoszyński. Jednak pod koniec zgrupowania trzeba było te imprezy jakoś rozliczać, więc wymyślono, że rozpisze się je... na wodę. Wyszło na to, że kadra wypiła kilka tirów wody mineralnej podczas przygotowań do meczu.

Czasami niuanse decydowały, że coś się nie udało. Jak na przykład strzał Radka Gilewicza z Anglią. Ten mecz mógł być przełomem w życiu Radka. Był sam na sam z bramkarzem i nie strzelił. A gdyby Gilewicz strzelił Anglii bramkę i wygralibyśmy 1:0, a nie zremisowali, to kto wie, czy za tego gola nie grałby następne pięć lat reprezentacji. Andrzej Juskowiak też miał doskonałą okazję w tym meczu. Naprawdę niewiele brakowało, a udałoby się ograć Anglię pierwszy raz od 1973 roku.

W eliminacjach pamiętam też bardzo dobrze Wembley w rewanżu. Jeszcze nie było wielkiej emigracji Polaków, a mimo to stadion był w połowie wypełniony naszymi kibicami. Niesamowite wrażenie. Pojechaliśmy do Southampton na mecz młodzieżówki Pawła Janasa, który odbywał się dzień wcześniej. Janas wtedy tłumaczył Łukaszowi Kubikowi, że Frank Lampard nie umie grać lewą nogą. A on nam przyłożył właśnie lewą nogą z trzydziestu metrów na 3:0. Skończyło się 5:0. Pierwsza reprezentacja oglądała ten mecz w hotelu i chłopaki później gadali, że Janusz po tym meczu zmienił wszystko, co było trenowane przez tydzień. Tak się przestraszył, że zagrali na siedmiu obrońców. Jacek Bąk krył Paula Scholesa indywidualnie, Scholes strzelił nam wtedy trzy gole, w tym jednego ręką. Nagle Świerczewski, który miał grać w tym meczu na lewej pomocy i całe siedem dni ćwiczył dośrodkowania lewą nogą, wyszedł na prawej pomocy, a na lewej stronie zagrali dwaj lewi obrońcy, bo zagrał i Krzysztof Ratajczyk, i Rafał Siadaczka. Wójcik zobaczył przegraną 0:5 młodzieżówki i gdzieś uciekła ta odwaga i to ustawienie, które było trenowane przez kilka dni.

To było pierwsze pokolenie piłkarzy, najpierw grali u Wójcika, a potem u Engela, które zaczęło się bawić mediami. Pogrywać sobie z nami. Dzisiaj tej gry jest oczywiście mniej, bo pojawiły się media społecznościowe, kanał PZPN-u „Łączy nas piłka". Ale przez lata piłkarze w zasadzie mówili, co chcieli. Kiedyś przed mundialem w Korei do „Przeglądu Sportowego" przyszedł Piotrek Świerczewski. Usiadł sobie w pokoiku za komputerem. Weszliśmy z ówczesnym naczelnym Romkiem Kołtoniem, a on powiedział prowokacyjnie, że teraz wszyscy robią biznes, w związku z czym oni będą udzielać wywiadów za kasę. Ale on przecież nie powiedział tak dlatego, że takie miał przekonanie. Przecież ako kapitan wielkiej Marsylii musiał chodzić na konferencje prasowe i niemal codziennie rozmawiał z mediami. To był taki papierek lakmusowy – do którego momentu można bawić się mediami.

C.K.: Próbowali też, zresztą włącznie z trenerem, wpływać na redakcje, aby te delegowały na mecze czy turnieje takich, a nie innych dziennikarzy. Rozpasanie na kanwie tego pierwszego po latach awansu i przekonanie zawodników, że są wielcy, było ogromne.

Ale tobie często zarzucano, że jesteś w bardzo przyjacielskich stosunkach z piłkarzami reprezentacji. Jak wychodzili na trening, przybijałeś z nimi piątki jak kolega z drużyny. Miałeś do nich wiele łatwiejszy dostęp niż inni dziennikarze, zakolegowałeś się z nimi.

M.B.: Nie wstydzę się tego. Nasi starsi koledzy po fachu, którym to się nie podobało, wcześniej też mieli kolegów w reprezentacjach, jak na przykład Darek Szpakowski. Stefan Szczepłek zaprzyjaźniony był z Kazimierzem Deyną, a do Jana Ciszewskiego ustawiała się kolejka zawodników kadry, którzy pożyczali mu pieniądze na grę, bo uwielbiał hazard.

Powiem, jak było. Miałem szesnaście lat, z moją ówczesną sympatią byłem na osiemnastce jej koleżanki. Ona była wtedy dziewczyną bramkarza młodzieżowej reprezentacji Polski Alka Kłaka. Miała chyba na imię Anka. Później Alek Kłak, chłopak z Nowego Sącza, przyszedł do Igloopolu Dębica. W wieku szesnastu lat grał w drugiej lidze jako pierwszy bramkarz. Na tej imprezie Alek zrobił na mnie duże wrażenie – wszyscy elegancko ubrani, a on siedział w dresie z napisem Polska i pił herbatę. Ostentacyjnie tylko herbatę. Zaimponował mi i od razu znaleźliśmy wspólny język, choć w przeciwieństwie do mnie do dziewiętnastego roku życia w ogóle nie ruszył alkoholu. Ale jak już się pierwszy raz napił, to od razu skrzynkę piwa z kolegą na dwóch. Skończyło się tym, że wsiedli do nowego opla i pojechali w odwiedziny do rodzinnego Nowego Sącza. Wpadli autem do Jeziora Rożnowskiego, auto skasowane, ledwo uszli z życiem. Później się okazało, że Alek znał się z „Felkiem", czyli z Piotrkiem Świerczewskim, który miał ksywkę „Felek" i też pochodził z Nowego Sącza. Alek poznał mnie z Piotrkiem. I w zasadzie Piotrek mnie wprowadził do drużyny. Byłem tam traktowany jako jego zaufany kumpel. Z czasem wszyscy przekonali się, że ze mną da się pogadać o piłce, bo mnie zawsze interesowały szczegóły, niuanse, detale, a na dodatek byłem szczelny. Nigdy pewnych rzeczy, które usłyszałem czy zobaczyłem przy stole, nie wykorzystałem publicznie. Uważałem, że istnieje świat oficjalnej informacji i takiej, którą mam wyłącznie dla siebie.

Oczywiście, ktoś mi może zarzucić: no dobra, tyle razy byłeś z nimi na imprezie, to nie chciałeś na nich patrzeć krytycznie jako reporter czy komentator. Ale prawda jest taka, że z paroma kilka razy bardzo się pokłóciłem, bo uznawałem, że kumpelstwo czy przyjaźń należy oddzielać od tego, jak komentujesz mecz. Jeśli ktoś zagrał słabo, to trzeba powiedzieć: zagrał słabo.

Ale dla mnie najważniejsze było to, że oni mnie dużo nauczyli o piłce. Z każdym z nich, oprócz gadania o głupotach, bardzo dużo rozmawiałem o piłce. Jakie jest spojrzenie na trening, na mecz, na taktykę. Dużo czasu spędzałem z takimi zawodnikami, jak na przykład Mirek Trzeciak. Z nim w ogóle nie balowałem, to piłkarski intelektualista, prawdziwy erudyta. Pod tym względem nawet nie za bardzo pasował do reszty. Na kadrze potrafiłem siedzieć z nim po kilka dni z rzędu i po trzy, cztery godziny gadać o piłce. Sporo było takich zawodników, z którymi spędzałem mniej czasu towarzysko, za to więcej rozmawiałem o piłce.

C.K.: Po prostu nie ze wszystkimi piłeś?

M.B.: Nie. Ale też nie ze wszystkimi dało się gadać o piłce. Z piłkarzami jest trochę jak z bokserami. Są bokserzy, którzy oglądają wszystkie gale i wszystkie walki, a są tacy, jak na przykład Tomek Adamek, który owszem, jeśli ktoś walczy o mistrzostwo świata w wadze ciężkiej, to ogląda, ale innych superwydarzeń nie. Wyobrażasz sobie? Zawodowy bokser nie lubi oglądać boksu. Tak samo bywa z piłkarzami. Są piłkarze, którzy maniakalnie oglądają mecz po meczu, różne ligi. A taki Świerczewski w ogóle nie zna się na piłce w takim ogólnym znaczeniu, na przykład nie zna zawodników. Trochę więcej meczów ogląda na starość. Ale zawsze się irytował: „Co z wami, że ciągle o piłce gadacie?!". Jak przyjeżdżałem do niego, zawsze mi mówił: „Tylko nie chcę rozmawiać o piłce. Bo ja codziennie muszę trenować, gram w klubie, gram w kadrze, codziennie jako kapitan muszę być na konferencji prasowej. Jak mam weekend czy wolne popołudnie, interesuje mnie łódka, wypoczynek, a nie dyskutowanie o piłce albo chodzenie na mecze".

C.K.: Słynny argentyński napastnik Gabriel Batistuta zapytany, dlaczego nie interesuje się futbolem, odpowiedział, że interesuje się na tyle, na ile wypada się interesować. Wystarczy, że wie, który to Jürgen Klinsmann.
Traktowałeś ten przywilej niemal stałej obecności wewnątrz kadry warsztatowo czy jednak fascynowała cię ta sytuacja? Oto wniknąłeś do drużyny, którą reszta rodaków mogła tylko polizać przez szybkę telewizora...

M.B.: Fascynowała mnie piłka i fascynowali mnie ludzie, którzy ją uprawiali w Polsce na najwyższym poziomie, byłem ciekawy, jak ten świat wygląda od wewnątrz. Wydaje mi się też, że pozyskałem kontakty na lata.
Z czasem ja też im się przydawałem. Jak Świerczewski wrócił do Polski, w pierwszym okresie kiedy grał w Lechu Poznań, często wchodził do szatni i pytał: z kim gramy? W dniu meczu! Potrafił do mnie dzwonić i pytał, tak od niechcenia: a kto tam jest dobry, kto gra w pomocy? Podaję mu trzy nazwiska, że taki i taki ma swobodę, że przełoży, rozprowadzi grę, niezły w powietrzu, umie minąć. A on na to: „Pierdolisz, to grałby w Milanie, a nie w jakiejś Koronie czy w Ruchu". Tak to wyglądało...

C.K.: Wracajmy do mundialu 2002. Przed turniejem panowało niezwykłe uniesienie. Balonik był maksymalnie napompowany. I piłkarzom, i kibicom wydawało się, że na mistrzostwach jesteśmy w stanie dokonać rzeczy niezwykłych.

M.B.: Można było pomyśleć sobie tak: dla tych gości nie ma rzeczy niemożliwych, bo oni walą wszystkich. Nie chodziło tylko o mecze w grupie eliminacyjnej. Jechali na mecz towarzyski ze Szwajcarią i wbijali im czwórkę. I to tak na luzie – przyjechali goście, zrobili sobie imprezę na Cyprze, trzepnęli Szwajcarię, później Irlandię Północną 4:1 i pojechali. Nie było żadnego punktu odniesienia, bo to pokolenie nie grało w żadnym turnieju, więc myśleli, że to jest łatwe. Wygrałeś grupę, pokonałeś Ukrainę na wyjeździe, wygrałeś z Norwegią i u nas, i u nich, dziewięć miesięcy przed turniejem masz awans. Miałeś do dyspozycji Olisadebe, który w tamtym czasie dokonywał cudów.

Tak naprawdę pierwsze sygnały, że coś jest nie tak, pojawiły się już w Korei, ale jeszcze przed pierwszym meczem. Sparing z klubem koreańskim ledwo wygraliśmy 2:1. Drużyna po tym meczu miała przyjechać na inny mecz sparingowy Korea – Francja i oglądać Koreańczyków, ale uznali, że nie ma sensu. To był błąd. Trener powiedział, że są zmęczeni i zawodnicy wrócili do ośrodka. Na mecz przyszedł tylko Engel. Spóźnił się, wszedł w przerwie, wysłał kierownika drużyny Tomasza Kotera po lody. Zjedli sobie te lody i wyszli. Byli może dwadzieścia minut...

W styczniu w Eurosporcie komentowałem mecz Korei, zadzwoniłem do Jurka i mówię:

„Trenerze, superzespół". A on: „Nie, nie, spokojnie, wszystko mam opanowane, będziemy przygotowani" itd. Po przylocie do Korei zaczęły się lekkie fobie ze szpiegami na dachach, którzy niby filmowali nasze treningi w Dedzon i inne tego typu kwiatki wynikające z tego, że ewidentnie traciliśmy pewność siebie. Okazało się też, że fatalnie wybraliśmy ośrodek w Dedzon.

C.K.: Był wielki, zamknięty, przez wiele dni pilnie strzeżony, zawodnicy opuszczali go tylko, jadąc na treningi. Kisili się we własnym sosie. Spalali się w tym luksusie odcięci od świata, wcinając frykasy, które przyleciały z Polski kilkoma kontenerami. Serwował je Robert Sowa. Tak, ten Sowa... To chyba była przesada. Oni mieli tam tyle wykwintnego żarcia, że nie wiadomo było, co z tym robić. Jacek Bąk śmiał się kiedyś, że widział bez przerwy Tomka Hajto z kabanosem i papierosem.

M.B.: Nawet nie tylko o to chodzi. Na pierwszy mecz pojechaliśmy grać do Pusan, gdzie panował zupełnie inny klimat. Tam było piętnaście stopni cieplej, inna wilgotność, nie byliśmy na to przygotowani. Jak człowiek wyszedł tam na spacer, po dziesięciu minutach wracał zlany potem. Trzeba było jechać na zgrupowanie tam, gdzie grasz pierwszy mecz, i przygotować się do tych warunków. Nikt nie pomyślał, że w Korei jest kilka stref klimatycznych. W sztabie kadry czy w PZPN wymyślili sobie, że będziemy stacjonować w Dedzon, bo tam kończą się występy grupowe, a drużyna tylko skoczy na jeden mecz do Pusan. Ktoś to kompletnie źle zaplanował i źle rozpoznał. Na dodatek w ogóle nie było zindywidualizowanych przygotowań. Wszyscy zostali wrzuceni do jednego wora. Hajto był po kontuzji, Świerczewski miał 60 meczów w sezonie, inni po 50 meczów w sezonie i trenowali tak samo jak Koźmiński z Ankony, który rozegrał chyba cztery mecze, albo Kłos dwa w Niemczech. Wszyscy trenowali jednakowo ciężko.

C.K.: Ale z drugiej strony trzeba zwrócić też uwagę na background. Kibice byli przekonani, że jesteśmy wielcy, bo tak nakręciły to media. Ale też wewnątrz drużyny panowało takie przekonanie. Trener Engel stosował swoje socjotechniczne sztuczki, nie takie wulgarne jak Wójcik, raczej banalne, książkowe. Nawiązywał do jakichś historycznych walk, puszczał im filmy batalistyczne. Oni naprawdę czuli się już jak gwiazdy mundialu.

M.B.: Robiłem wywiad z Radkiem Kałużnym i pamiętam do dziś, że daliśmy tytuł: „Kałużny: z Brazylią zagramy o złoto!". Bez żadnej żenady. To wynikało z tej rozmowy.

C.K.: FIFA woziła po całym świecie Puchar Świata, aby promować mistrzostwa. To trofeum przed mundialem trafiło do Polski. Ludzie przychodzili, fotografowali się z nim w Warszawie na

Starym Mieście. Engel przy tej okazji zasugerował, że już niebawem to cacko wróci do Polski...

M.B.: O Engelu świetnie mówi pewna historia. Słynny mecz towarzyski na Stade de France z Francją, mistrzami świata z 1998 roku i Europy z 2000. Prawie go zremisowaliśmy, ale Zidane dobił na 1:0. Chłopaki mówili, że przed meczem siedzą w szatni, Jurek gdzieś wyszedł. Skład rywali już był wyrysowany na tablicy i odprawę zaczął jeden z asystentów, Dariusz Śledziewski. „Panowie, co mam powiedzieć, gramy z mistrzami świata, łatwo dzisiaj nie będzie. W bramce Barthez. Doświadczony, świetnie gra nogami, znakomity przegląd pola. Prawa obrona Thuram, niesamowite zdrowie, głowa, technika użytkowa, szybki jak diabli. Na środku Blanc, klasa sama w sobie, wyskok nieprawdopodobny, wychodzi z piłką jak Brazylijczyk Lucio, potrafi rozegrać, obok Desailly. To jest skarb, nawet nie skaczcie do głowy, bo nie ma sensu. Lewa strona? Lizarazu. Torpeda. Ma wszystko, oskrzydla, wrzutka w pełnym biegu. Vieira na środku pomocy? Bestia. Kałużny, nawet z nim nie próbuj walczyć w powietrzu, bo nie ma po co. Od razu się skoncentruj na drugą piłkę zbitą. Zidane? Co ja wam będę mówił. Artysta. On, Pelé, Maradona. Wielu takich grajków na świecie nie było. Z przodu Henry. Przecież on jest szybszy niż TGV". Wymienił wszystkie pozycje i wchodzi Engel. „Panowie, nasz rywal to Francja. Niby jakieś trofea ostatnio zdobywali, ale to już nie jest ta Francja. Oni się już zestarzeli. W bramce Barthez. Koszmarne błędy robi, słaba gra prawą nogą, trzeba iść od razu na pressing. Thuram to już nie ta zwrotność. Blanc niby doświadczony, ale wolny. Jak puścisz obok niego piłkę, to nie zdąży. Będzie musiał faulować, można go spokojnie minąć. Desailly? Silny jest, ale nie trzeba się z nim przepychać. Mamy inne atuty. Lizarazu? Nie to zdrowie. Już tak nie biega jak kiedyś. Uważajcie na Zidane'a. Ten jest rzeczywiście dobry. Ale też bez przesady".

Jedna odprawa, a jakby dwie. Zaczęło się od spuszczonych głów, a na mecz wyszliśmy podbudowani i walczyliśmy z wielką drużyną jak równy z równym. To świadczy też o tym, że choć Engel mocno koloryzował, to jednak wierzył w naszych zawodników.

C.K.: Miał zbudowaną całą swoją narrację. On nie mówił, on przemawiał. O tych szczęśliwych płaszczykach, w które ubierał się na najważniejsze mecze, słonikach, które nosił „na farta" w kieszeni. Obudowywał to pięknie w reprezentacyjną legendę. Tworzył mit drużyny. I jeździł po Polsce. Entuzjastycznie go witano w tych wszystkich zakładach pracy, w kopalniach. W pewnym momencie wyglądało to jak trupa obwoźna z idolem, bohaterem. Po awansie zaczęło się też wyrywanie pieniędzy, co dzisiaj jest absolutnie normalne, a wtedy uznawano piłkarzy i trenerów za nie wiadomo jakich chciwców, bo próbowali zarobić parę złotych na reklamach.

M.B.: Przeciętny kibic przeważnie nie ma pojęcia, kto jest drugim trenerem, fizjoterapeutą czy kierownikiem drużyny. A wtedy kierownik Tomek Koter czy inni mieli rozkładówki w katowickim „Sporcie", zdjęcia, plakaty. To świadczyło o skali szaleństwa i tego, jak ludzie dali się Engelowi ponieść.

Wracamy do Pusan. Całą noc przed meczem kibice darli się pod hotelem kadry. Nikt nie mógł spać, bo Koreańczycy imprezowali na plaży, a nasz hotel w Pusan był właśnie na plaży. Na drugi dzień weszliśmy na stadion i najpierw uderzyła nas nienaturalna wręcz cisza. Po chwili cały stadion zrobił się czerwony i zaczął dudnić. Nigdzie nie widzieliśmy tak zorganizowanych i tak głośnych kilkudziesięciu tysięcy ludzi. Nigdy nie słyszałem tak silnego dopingu.

C.K.: Jak zobaczyłem Michała Żewłakowa, który się modli, gdy poczułem, jak ten stadion faluje, było jasne, że nie my będziemy tu rozdawać karty.

M.B.: Ale mecz zaczęliśmy dobrze, pierwsi mieliśmy dwie czy trzy sytuacje, ale nie trafił Koźmiński, nie trafił Krzynówek, nie trafił Żurawski. Widać było, że po dwudziestu minutach w tym klimacie oni umierają. I już było po meczu. Zaczęliśmy tracić siły, spóźnialiśmy się do każdej piłki, do każdego stykowego zagrania, zaczęliśmy ich kopać itd. Skończyło się na 0:2.

Może drużynie Engela brakowało trochę umiejętności, na pewno brakowało takiego piłkarza, jak Lewandowski. Jak wspominałem, z Piotrkiem Świerczewskim za dużo o piłce się nie gada, natomiast on piłkę rozumie. I mówił mi tak: „Jaka jest różnica między dzisiejszą kadrą, gdzie jest paru fajnych zawodników, a nami? Tylko jedna. Teraz jest »Lewy«. Olisadebe był fajny, tylko że z nim było granie na zasadzie rzucenia na wolne pole, on się ściga i rozpycha. A jak masz takiego piłkarza jak Lewandowski, zagrasz mu na wolne pole, on zawsze jest pierwszy, on zawsze przytrzyma piłkę. Jak chcesz dać czas drużynie, żeby podeszła linia pomocy, żeby się przesunęła jako całość, podasz »Lewemu« na ścianę. On przytrzyma piłkę, a ty zyskujesz czas jako pomoc. Z takim piłkarzem cała drużyna wygląda dużo lepiej, bo to nie jest piłkarz bardzo dobry, to jest piłkarz wybitny, światowy, i daje drużynie zupełnie inne możliwości". Myślę, że widać to teraz w drużynie Nawałki. Jeżeli nie ma »Lewego«, cała drużyna gra dużo słabiej.

Wracając do Korei. Możemy zarzucić tamtej drużynie różne rzeczy, ale nie to, że przyjechali na mistrzostwa świata i nie chcieli wygrać. Na pewno nie możemy im zarzucić, że się bali, że nie mieli ambicji albo że nie było tam walczaków. Paru chłopaków potwierdziło nam później, że to był pierwszy mecz w ich życiu, kiedy czuli się tak źle fizycznie. Wiedzieli, że w drugiej połowie będzie tylko gorzej. Tamci, przyzwyczajeni do klimatu, byli niesamowicie wybiegani, byli szybsi. Kałużny mówił, że niewysocy Azjaci śmigali mu między nogami, a on nic nie mógł zrobić, bo był jakby zablokowany. Brakowało mu tchu. To jest oczywiste, że po zmianie strefy klimatycznej wszystko inaczej pracuje.

C.K.: Ale to był 2002 rok i o takich rzeczach już wiedziano.

M.B.: Różnie mówią, w jaki sposób był wybierany ośrodek. Ktoś pojechał, ktoś się z kimś dogadał, komuś pasowało.

C.K.: Ktoś wziął tzw. pajdę?

M.B.: Tego nie wiem, bo nie byłem świadkiem, ale na pewno można było lepiej wybrać. Po tym meczu poszliśmy do hotelu, czułem się zmiażdżony. Na dodatek telewizja koreańska na wszystkich kanałach sześć razy powtarzała ten mecz, cały czas. Kończył się na jednym kanale, zaczynał na drugim. Zaczęli go powtarzać o 11 w nocy, za chwilę już o godz. 1 na innym kanale; 3 nad ranem, 9 rano – i dalej ten mecz leci. Święto na ulicach, flagi. Pamiętam zdemolowaną grupę artystyczną Jurka Engela, Materna i inni artyści...

C.K.: To była grupa artystyczna, która miała robić dobrą atmosferę.

M.B.: Chyba biznesową. Bo Materna zajmował się wizerunkiem selekcjonera, sprzedawaniem kontraktów reklamowych dla Jurka.

Biznes hulał już w trakcie mistrzostw. Podczas turnieju wybuchła wielka awantura o szklanki, które ozdobione były wizerunkiem naszych piłkarzy, a piłkarze nic z tego nie dostawali. To była akcja Coca-Coli i McDonald's. Za McDonald's dostał trener, a za Colę wziął chyba PZPN. I nie chcieli się dzielić z chłopakami. Zawodnicy przez Marka Koźmińskiego, wtedy bocznego obrońcę kadry, złożyli pozew przeciw PZPN. Jak wiceprezes Boniek dowiedział się o tym, to po pierwszym przegranym meczu postawił sprawę jasno: albo to wycofacie, albo natychmiast wyjazd. Wycofali, ale niesmak pozostał.

C.K.: Wróćmy do gorących chwil przed pierwszym meczem. Nie wiem, czy oni przypadkiem w Korei nie byli za długo skoszarowani, zamknięci, oddzieleni od świata. Wiadomo, grupa młodych, ambitnych ludzi, coś tam w głowach zaczęło się mieszać. Stworzyli oblężoną twierdzę.

M.B.: Ja tego akurat nie czułem, bo byłem w innej relacji. Rano w dniu meczu zadzwoniłem do trzech, czterech chłopaków, że potrzebuję ich wypowiedzi do Polsatu. Umówili się ze mną w hotelu, zeszli po obiedzie, żeby udzielić ostatnich wypowiedzi przed meczem. Na antenie było wielkie pompowanie, zanim jeszcze w studiu na żywo podcięty Paweł Zarzeczny zaczął dusić szalikiem Jacka Gmocha, wydawało się, że jest dobrze. W tej sprawie nie jestem obiektywny, bo miałem z nimi bliskie relacje, poza tym byłem przedstawicielem telewizji transmitującej mistrzostwa.

C.K.: Ja natomiast wraz z grupą dziennikarzy prasowych stałem po drugiej stronie. W pewnym momencie zaczęliśmy widzieć, że kadra, jak mówi młodzież, jest trochę za bardzo „farmazon". Przerost formy nad treścią. Krytyka nasiliła się już po wyjeździe do Azji. Dało się odczuć, że balon jest za bardzo napompowany, że może pęknąć. Poza tym, pomijając aspekty czysto zawodowe, irytowała nas rosnąca buta zawodników i samego trenera. Nasza krytyka okazała się chyba zaskakująco mocna dla nich wszystkich, dotąd noszonych na rękach za pierwszy awans wywalczony po szesnastu latach. I w pewnym momencie zaczęła się zdrowa jazda. Z reguły staliśmy w grupce kilkunastu reporterów z Polski, środowisko mediów sportowych było jeszcze niewielkie. W kosztowną podróż do Azji byli delegowani pojedynczy przedstawiciele najważniejszych tytułów. Jak się kończył trening, powoli wracaliśmy na parking, a obok przejeżdżał autokar kadry, która wracała do ośrodka. Piłkarze zasłaniali okna, uchylali lufciki i wydzierali się: „Kapusie! pedały! mamuśka! wodogłowie!". I tak po każdym treningu. Niektórzy z dziennikarzy byli poruszeni, inni, tak jak ja, bawili się w rozpoznawanie głosów, obstawialiśmy, kto jaką obelgą rzucił.

M.B.: Nikogo dzisiaj nie chcę rozgrzeszać, to było naganne. Ale jednak przez lata poznałeś tych chłopaków... Wielu z nich po jakimś czasie przeprosiło dziennikarzy za to zachowanie.

C.K.: Ale mówimy o tamtym czasie.

M.B.: Tak, ale trzeba się zastanowić, czy piłkarze sami z siebie to wymyślili, czy nie było tak, że ktoś ich podpuścił, że ktoś im budował mylny przekaz. Po przegranym z Koreą meczu w Polsce była jazda, a na stołówce dla kadry ściany były zaklejone wpisami kibiców, że nic się nie stało, że i tak was kochamy. Czyli pojawiła się alternatywna rzeczywistość.

C.K.: Kulminacją przegięcia pały było wystąpienie Tomasza Hajto podczas konferencji prasowej przed meczem z Koreą. Zresztą bardzo zgrabnie wygłosił mowę. Jak rasowy polityk z trybuny sejmowej wymachiwał nawet palcem i grał mimiką.

M.B.: Abstrahując od wielu głupot, które wtedy powiedział, to nie pamiętam, żeby kiedykolwiek polski piłkarz sam z siebie wystąpił na konferencji i żeby to było tak spektakularne. „Nie macie dla nas respektu, nie macie dla nas szacunku, spowodowaliście, że połowa społeczeństwa nie wierzy w naszą wygraną z Koreą..."

C.K.: On nie mówił, on grzmiał... A trener go podpuszczał. Wstał Robert Błoński, wówczas z „Gazety Wyborczej", i powiedział, że to bzdura, że on postawił sto dolarów na nasze zwycięstwo... Ciarki mnie wtedy przeszły, bo założył się ze mną i obawiałem się, że zdradzi to przed całą drużyną. A ja byłem pewien, że dostaniemy łomot i zakład chętnie przyjąłem.

Zaczęła się regularna pyskówka, wstał nieco starszy od nas i bardziej wyważony Darek Wołowski i próbował coś tam rozsądnie mówić, ale było za późno. Piłkarze nakręceni, my pytaliśmy, co to za szczekanie z okien autokaru. Zanim Hajto zabrał głos, któryś z piłkarzy zaczął opowiadać, jak spędzają wolny czas. I pochwalił się, że kadra dla relaksu obejrzała „Misia" Barei. Ktoś od nas rzucił: „Chyba misia Colargola". Oni się oburzyli, napięcie sięgało zenitu. Pyskówka nabierała tempa. Nigdy z czymś podobnym się już nie spotkałem. Koreańscy dziennikarze, którzy zajmowali połowę sali, zaczęli się pytać, o co chodzi, nie rozumieli tej awantury, a bardzo ich ciekawiła. Wtedy na mównicę wszedł Boniek i powiedział, żeby to przerwać i nie robić cyrku na cały świat. Zaprosił polskich dziennikarzy do mniejszej sali, żebyśmy sobie wyjaśnili z piłkarzami wszystkie pretensje.

M.B.: Byłem w tej salce. Pamiętam, że przyszło kilku najważniejszych zawodników, Kałużny, Wałdoch, Świerczewski, chyba Matysek i Koźmiński. Nabuzowani, z założonymi rękami przysiedli na takich jakby szkolnych ławkach.

C.K.: Nas było może z sześciu. Stanęliśmy naprzeciwko siebie. Świerczewski powiedział do mnie: „Wyglądasz mi na przywódcę tej grupy". Odpowiedziałem, że ty wyglądasz na przywódcę tej. Wtedy Świerczewski zaproponował wyjście na solo. Normalnie powiedział do mnie: „Wyjdziesz na solo? Rozwiążemy to jak faceci. Będziemy się bić"... Oczywiście musiałem skorzystać z oferty, żeby zachować twarz. Podniosłem się i mówię: „Nie ma sprawy". Dodam, że obaj mieliśmy wtedy po 29 lat. I wyszliśmy na solo, które później przez wielu dziennikarzy było opisywane na tysiąc sposobów. Najbardziej mnie bawiło, jak po latach rozwodzili się o tym młodzi pryszczaci z internetów, aby błysnąć jakąś anegdotą.

Do dziś jestem pytany, jak to było. A właściwie nic nie było. Kiedy wyszliśmy z tej sali, wyszedł za nami Tomek Wałdoch, który jako kapitan reprezentacji coś tam próbował łagodzić, ale tak, żeby nie załagodzić. Byli jeszcze ochroniarz reprezentacji, który tam stał nie wiem po co, i mój serdeczny kolega fotoreporter Wojtek Rzążewski. Gadaliśmy ze Świerczewskim, mając nos przylepiony do nosa, a Wojtek modlił się o to, żebym dostał strzała, ponieważ miałby znakomitą fotę do „Super Expressu", w tamtym czasie jedynego tabloidu, który właśnie takie rzeczy chętnie sprzedawał.

M.B.: Obaj jesteście moimi kolegami, ale myślę, że walka trwałaby krócej niż Gołoty z Lennoxem Lewisem.

C.K.: Reagowałem na chłodno. Wiedziałem, że nie mam szans ze Świerczewskim, zdawałem sobie sprawę, że kiedyś trenował boks i generalnie umiał się bić. Zależało mi tylko na tym, aby to jakoś godnie rozegrać, aby mu oddać, aby w razie czego choć raz go trafić. Taki był mój plan na tę walkę. Zaciśniętą pięść miałem już w pogotowiu. Ostatecznie rozeszło się po kościach, bo tak naprawdę to on pewnie próbował mnie nastraszyć i upokorzyć w oczach mojego środowiska samą propozycją wyjścia na solo. Liczył, że nie podejmę rękawicy. Nie spodziewał się, że po naszej stronie też nie brakuje kogutów.

M.B.: Wiele razy widziałem Piotra w podobnych sytuacjach w życiu prywatnym. I naprawdę trzeba go mocno wyprowadzić z równowagi, aby wstał. Gorzej, jak już wstanie. Natomiast z tymi solówkami on chyba coś ma. Pamiętam, że jak był trenerem ŁKS i spadli z ligi, kibice ŁKS byli zdenerwowani tą sytuacją i chcieli bić piłkarzy. Piotrek wtedy wyszedł do nich, powiedział: „Który jest najsilniejszy, niech wyjdzie ze mną na solo". Poszli za stadion i stoczył trzy rundy z jakimś facetem, który okazał się zawodnikiem MMA. Pierwszą wygrał, potem mu zabrakło kondycji, następne dwie dostał po głowie, z szacunkiem uścisnął gościowi rękę i wrócił do klubu.

C.K.: Później jeszcze jako trener Motoru Lublin przyłożył kierowcy traktorka, który odśnieżał obiekt. Poszarpał redaktora Godlewskiego i jakiegoś uczestnika halowego turnieju towarzyskiego, przez co zresztą stracił pracę w młodzieżowej reprezentacji Polski. Taki góralski temperament...

Po mistrzostwach Ewa Drzyzga zaprosiła mnie i Piotra Świerczewskiego do swojego programu „Rozmowy w toku". To był odcinek o niepokornych sportowcach, którzy dopuszczają się jakichś czynów zabronionych. Żaden z nas nie wystąpił. Od razu powiedziałem, że z Piotrem jesteśmy przyjaciółmi. Przecież nie będę się żalił w jakimś „tefałenie", że mnie Piotrek napadł. Jednak jak się na to patrzy z perspektywy czasu, straszne to było gówniarstwo. Dziś nie do pomyślenia. Ale najbardziej rozgoryczony był „Rżążu". „Czarek, trzeba go było lepiej sprowokować, miałbyś może rozbity nos, ale w »Superaku« już by szykowali dla nas premie za show, który byśmy zrobili" – ubolewał.

M.B.: Tak, w ogóle w Korei wytworzył się jakiś klimat do rękoczynów. Prawie się pobiliśmy ze Szpakowskim. Jak Polska straciła szansę na wyjście z grupy, ja trzymałem bardziej stronę chłopaków, a Szpakowski stronę trenera. Darek komentował mecze z Włodkiem Lubańskim dla TVP, a Włodek był zaprzyjaźniony z Engelem. Każdy z nas budował trochę inny przekaz. Ja narzekałem, że trener nie zindywidualizował treningów, że powinniśmy mieszkać gdzie indziej, że nie byliśmy przyzwyczajeni do klimatu. Darek mówił, że trener miał pomysł, tylko piłkarze zawiedli.

Ktoś mi powiedział, że Darek chodzi po centrum prasowym w Seulu i opowiada, że jak mnie spotka, to mi przywali. Następnego dnia była konferencja prasowa, wszyscy polscy dziennikarze przyjechali wcześniej, stali i czekali. Szpaku też przyjechał. Wyszedłem wtedy na mównicę i powiedziałem: „Słyszałem, że mi chcesz przyjebać, to zapraszam". Konsternacja, wszyscy w szoku, zaczęła się wymiana zdań. To wszystko oczywiście było niepotrzebne, szczeniackie, gówniarskie. Kilka godzin później zadzwoniłem do niego, przeprosiłem i powiedziałem, że niezależnie, kto miał rację, nie powinienem się tak do niego odezwać, bo jest starszy i jestem mu winien szacunek. On mnie też przeprosił, że to wszystko poszło za daleko. W sumie właśnie wtedy narodziło się nasze kumpelstwo.

C.K.: Taksówkarze, żeby zagaić rozmowę, często mnie pytają: „Pan woli Szpakowskiego czy Borka?". I następuje dyskusja. Masz bardzo wielu zwolenników. Natomiast Darek Szpakowski wciąż, zwłaszcza wśród starszych ludzi, jest numerem jeden. Jego głos jest legendarny. Na tym polu nigdy go nie dogonisz.

M.B: Facet jest legendą, przeżył wiele turniejów, swoje zrobił, rozpalił w ludziach emocje, myślę, że dzięki niemu wielu ludzi zakochało się w futbolu. Sam go oglądałem, słuchałem, lubiłem.

C.K.: Wszyscy się na nim wychowaliśmy. Chociaż nauczyciele języka polskiego często mówią, i na studiach też nam to powtarzali, że to, co ci starsi komentatorzy wyprawiali, to był gwałt na języku polskim. Te ich słynne bon moty, które wymyślali, to wyekspediowane piłki na aucie itd.

M.B.: Bardzo się cieszę, że wtedy w Korei tak dojrzale rozwiązaliśmy tę sytuację, bo mogło się skończyć różnie, mogliśmy dwadzieścia lat się nie odzywać do siebie, to byłoby bez sensu. A tak dzisiaj jesteśmy w stałym kontakcie, lubimy się. Jak nie mogę zrobić jakiejś komercyjnej imprezy, dzwonię do Darka, czy nie chciałby wziąć jej za mnie.

C.K.: Dzielicie się chałturami?

M.B.: Może nie aż tak, ale jak gdzieś kogoś potrzebują, to ja myślę o nim, on o mnie.

C.K.: Gracie czasem do kotleta? Podobno rozpoznawalne postaci ze świata piłki często zapraszane są na wesela. Ktoś mi opowiadał, że dostał zaproszenie na wesele od zupełnie obcych ludzi. Oferowano mu pięć tysięcy złotych. Pyta, co ma za te pieniądze zrobić. Nic. Zje pan kotleta, pouśmiecha się i tyle. Jacy ludzie są próżni, żeby takie rzeczy robić...

M.B.: Nie o takich eventach mówiłem. Uważam, że dzisiaj Darek, tak jak legendarni komentatorzy niemieccy, powinien mieć pięć milionów na koncie, trzy mieszkania, które wynajmuje, czwarte w którym mieszka, powinien bawić się życiem i w ogóle nie zastanawiać nad przyszłością. A to jest facet, który cały czas musi żyć z dnia na dzień, wciąż pracować, żeby normalnie funkcjonować.

C.K.: Znakomicie opowiada różne anegdoty, czasami można odnieść wrażenie, że w życiu prywatnym ma dużo większą fantazję niż przed mikrofonem. A w ogóle to jest skromny, niesamowicie sympatyczny facet i dobry kolega.
Wracając do Korei. Nasi piłkarze, zamknięci w tym ośrodku w Dedzon, nie mogli nigdzie wyjść, nawet do baru. My co wieczór poznawaliśmy uroki Korei. To też był błąd organizacyjny. Nie możesz młodych ludzi tak długo trzymać pod kluczem, nawet jeśli to są mistrzostwa świata.

M.B.: Ja mieszkałem w hotelu w Dedzon tam, gdzie kadra Stanów Zjednoczonych. Jedliśmy razem śniadania. Siadałem do stołu z Landonem Donovanem, zrobiłem z nim wywiad. Był bardzo fajnym, luźnym facetem. Interesował go surfing, jachty, takie rzeczy. Piłka niespecjalnie, a świetnie w nią grał. Trener Jankesów Bruce Arena codziennie pił sobie ze mną kawkę. W tym hotelu mieszkała też drużyna RPA. Wchodzę kiedyś do windy, druga w nocy, a tam z łańcuchem na szyi, w kolorowej koszuli, z trzema Koreankami jedzie Benny

McCarthy, ich najlepszy napastnik reprezentacji. Te drużyny żyły tam normalnie. Oczywiście trening był najważniejszy, ale nie było zamordyzmu. Tymczasem w polskiej kadrze w tej luźnej grupie, która wcześniej świetnie się dogadywała, znowu zbudziło się jakieś napięcie.

C.K.: Ten hotel, w którym mieszkałem, podczas mistrzostw był... no powiedzmy, agencją towarzyską. Na czas mistrzostw Koreańczycy poukrywali wszystkie rzeczy, których nie chcieli pokazywać światu. Z Piotrem Wołosikiem z „Kuriera Białostockiego" przyjechaliśmy na długo przed startem mundialu. Zaraz pojawiła się koreańska telewizja, reporter siadał na łóżku, sprawdzał, czy jest miękki materac, czy fotel wygodny, sfotografowali nasze bagaże, o coś tam się zapytali po angielsku. Włączamy później jakieś wiadomości i właśnie leci materiał o tym, że przyjechali już polscy dziennikarze. Prezentują właśnie fotel, który sprawdzali, idą wypowiedzi recepcjonisty o tym, kiedy kładziemy się spać, co zamawiamy do picia. Reportaż kończy się wywieszeniem biało-czerwonej flagi. Dopiero następna informacja o tym, że przyjechała także reprezentacja Brazylii z Ronaldo i Ronaldinho. Oni bardzo tym mundialem żyli. Codziennie przychodził jakiś dziennikarz, który spisywał nasze „złote myśli", następnego dnia z naszymi zdjęciami ukazywały się w koreańskich gazetach.

M.B.: Kuchnia była też problemem. Mało kto mówił po angielsku, ciężko było coś zamówić. Niektórzy codziennie jedli na ulicy w lokalnych barach koreańskich. Pamiętam, jak przyszedł jeden z operatorów, chyba Krzysiu Łapacz, i pyta: „Słuchaj, idziesz jutro z nami na kolację? Mamy taką swoją zaprzyjaźnioną budkę, tylko wcześniej musimy złożyć zamówienie, bo właścicielka przygotowuje na jutro młode, gniecione koty, i dziś musi wiedzieć, ile ich ma ugnieść"...

C.K: Następny mecz był dla nas końcem mistrzostw. Przegrywamy 0:4 z Portugalią i przelewa się czara goryczy. To wtedy nestor Kazimierz Górski zadaje słynne pytanie Engelowi: „Panie kulego, skoro jest tak dobrze, to dlaczego jest tak źle?".

M.B.: Dla mnie przygotowania drużyny do tego meczu to była abstrakcja. Pierwszy raz w historii zagraliśmy wtedy w ustawieniu 4-3-3, nie ćwicząc tego wcześniej, bo trener stwierdził, że musimy zagrać ofensywnie. Jeszcze w 25. czy 30. minucie kontuzji doznał Kałużny, i wszedł za niego Arkadiusz Bąk. To był taki mecz, że my graliśmy w piłkę, a oni strzelali gole. Bo my naprawdę graliśmy dobrze, mieliśmy parę sytuacji. Ale jak się okazało: ani Polska, ani Portugalia nic nie zwojowały. Z grupy wyszły przecież Korea i USA. Piłka jest przewrotna.

C.K.: I jeszcze trzeci mecz, z USA, dla nas o nic. Zagraliśmy w mocno rezerwowym składzie, bo trener chciał dać zagrać wszystkim. I wygrywamy 3:1. Maleńczuk nagrał później przebój o dzielnych „rezerwejros, którzy pokonali amerykanejros".

M.B.: Tak to jest, jak artyści biorą się do sportu albo politykowania.

C.K.: Ale w narodzie przez jakiś czas funkcjonowała teza, że od początku trzeba było wystawić rezerwowych, a nie przereklamowanych zawodników, którzy za bardzo się napompowali.

M.B.: Do Korei leciałem z kadrą tym prezydenckim tupolewem, który później spadł w Smoleńsku. Ciągle wtedy kursował na tej linii. Jak nas zawiózł, wrócił po prezydenta Kwaśniewskiego i Edytę Górniak, która wyła podczas tego, co zapowiedziano jako polski hymn.
Ale Edyta bardzo się chłopakom podobała. Kiedyś, niedługo przed meczem, idę do ubikacji, a za mną biegnie jeden z piłkarzy reprezentacji, już w butach piłkarskich, i pyta o numer do Górniak.

C.K.: Powrót był na smutno. My, dziennikarze, zostaliśmy, mistrzostwa dopiero się rozkręcały, nasza kadra pakowała manatki. Michał Żewłakow opowiadał mi, że jak wylądowali w Polsce, głowy mieli spuszczone i chcieli jak najszybciej ewakuować się z lotniska. A tu nagle w ich kierunku zasuwa duża grupa wydzierających się kibiców. „Żewłak" sobie pomyślał: „Aha, będzie wpierdol". Oni ich jednak ściskają, dziękują za turniej, za to, że walczyli, że to, że tamto. „Dziękujemy, dziękujemy" – niosło się po Okęciu. Michał mówił, że nie wierzył w to, co się dzieje.

M.B.: Żaden problem zamówić statystów.

C.K.: Jak po nitce doszliśmy do kłębka. Tak nam się wydaje. Ktoś z otoczenia kadry był na tyle operatywny, że pomyślał o zbudowaniu odpowiedniego powitania. Trzy autokary z „wiernymi fanami" przyjechały spod Łomży. Tak spontanicznie, akurat tylko z tego jednego miejsca w Polsce...

M.B.: Jak krytykowałem trenera, dostawałem spod Łomży może nie pogróżki, ale regularną korespondencję. Że jestem młody, zdolny i jest czas, żebym się nawrócił, bo mam potencjał, żeby być dobrym dziennikarzem, ale nie powinienem krytykować człowieka, który tyle dobrego dla tej naszej piłki zrobił. Później zacząłem się zastanawiać, dlaczego za każdym razem te listy przychodzą z pieczątką poczty Łomża. Ale może autokary i poczta to zbieg okoliczności? Nikogo za rękę nie złapaliśmy. I w sumie nikt nikomu nie broni witać entuzjastycznie chłopaków, którym nie powiodło się na mistrzostwach.

C.K.: Ale faktem jest, że lepiej wygląda, jak naród nie ma pretensji, tylko zaufanie do trenera i ekipy. Lepsze to, niż żądanie dymisji. Mówię o sytuacji, w której prezes PZPN zastanawia się, czy przedłużyć umowę na następne lata, czy poszukać innego selekcjonera. I nastąpiła duża niespodzianka. Engel nie został trenerem na następne lata, choć jeszcze kilka tygodni wcześniej miał w polskiej piłce status zbawcy. Chyba jednak wpłynęły na to media. Właśnie te, którym w ostatnim czasie tak mocno dopiekał razem ze swoimi chłopakami.

M.B.: Dzisiaj trzeba powiedzieć, że był to błąd. Uważam, że gdyby do tej drużyny weszło jeszcze z dwóch, trzech młodych chłopaków, na czele pewnie z Mariuszem Lewandowskim i jeszcze może dwoma zawodnikami z pokolenia Macieja Żurawskiego, to spokojnie mogliśmy wygrać grupę eliminacji Euro 2004.

C.K.: Najpierw Boniek jako wiceprezes PZPN zwolnił Engela, a potem sam został trenerem.

M.B.: Zbyszek od razu wykasował paru chłopaków z tej kadry.

C.K.: Pamiętam jego słynną odpowiedź na moje pytanie, dlaczego tak postąpił: „Bo nie chcę, żeby oni przyjeżdżali »na kadrę«, ale żeby grali dla reprezentacji Polski". Chciał, żeby skończyło się to rozpasanie. Bardzo mi to wtedy imponowało, do dziś uważam, że miał dużo racji. Przesadził jedynie ze skalą.

M.B.: Każda drużyna musi przechodzić ewolucję. A Zbyszek zamiast wyrzucić jednego czy dwóch zawodników dla przykładu, żeby reszta trochę się bała, wyrzucił sześciu, i jeszcze zmienił system gry na trzech obrońców. Niechlubnym symbolem tamtego okresu była porażka u siebie 0:1 z Łotwą, która wyprzedziła nas wtedy w grupie. Potem na ostatni mecz z Danią w Kopenhadze wrócił do czwórki. Przegraliśmy. Zbyszek zrezygnował, nastał Paweł Janas.

NIEMCY 2006

M.B.: Paweł Janas kończył jeszcze przegrane wcześniejsze eliminacje i szykował drużynę na batalię o wyjazd na mistrzostwa do Niemiec. Powoli dziękował kilku bardziej doświadczonym zawodnikom. Myślę, że w jakiś sposób posłuchał kilku dziennikarzy, z którymi był zżyty, a którym było nie po drodze z wcześniejszym układem. Było trochę zawodników kreowanych na zbawców polskiej piłki jak na przykład Marcin Burkhardt, który zagrał dobry mecz z San Marino w Ostrowcu Świętokrzyskim. Ale umówmy się, to był poziom drugiej ligi. A wiadomo, jak to w mediach. Ludzie potrzebowali nowych bohaterów. Tym bardziej że odsunięto paru piłkarzy z zagranicy, którzy mieli po kilkadziesiąt meczów w reprezentacji. Paweł myślał, że z nowymi zawojuje świat. Prawda jest jednak taka, że Janas nie miał ludzi do gry. To nie byli zawodnicy przygotowani

ani pod względem fizycznym, ani psychicznym na imprezę rangi mistrzostw świata.

Oczywiście nie można tak mówić o całej drużynie, ale jak sobie prześledzimy skład, to tylko nieliczni byli postaciami wiodącymi w przyzwoitych klubach. Przypomnijmy sobie linię pomocy. Grał tam Mirek Szymkowiak, wtedy zawodnik tureckiego Trabzonsporu, czyli żadnej klubowej potęgi na miarę Liverpoolu, Marsylii czy Borussii Dortmund. Obok niego był Radosław Sobolewski, który na co dzień mierzył się z Ruchem Chorzów, Górnikiem Łęczna i innymi klubami w polskiej lidze. Czyli to była podróż w nieznane, bo tak należy traktować wyjazd na mundial z zawodnikami z polskiej ligi. Pamiętam jak dziś, jak poszedłem sprawdzić nasze studio przed pierwszym meczem z Ekwadorem w Gelsenkirchen. Pompa była niesamowita. Tomasz Lis na żywo przed stadionem. Wozy transmisyjne, make-upownie, zaproszeni goście. Ukryłem się w studiu i podglądałem trening, który był zamknięty dla mediów. Nasi już wtedy wyglądali, jakby byli na „slow-motion". Ekwador podczas swojego treningu wyglądał za to rewelacyjnie. Od razu było widać, że zawodnicy z Ameryki Południowej są lepsi. Zażartowałem sobie później podczas kolacji: „Panowie, »ja nas«... nie widzę w tej imprezie". Następnego dnia zaczyna się mecz, tracimy gola po wrzucie z autu. Umówmy się, że na tym poziomie to jest jakieś kuriozum. Tak zaczęły się dla nas te mistrzostwa.

C.K.: Ja przed meczem z racji znajomości języka hiszpańskiego pojechałem pogadać z Ekwadorczykami. Jeździła za nimi piękna reporterka jakiejś telewizyjnej stacji z Ameryki Południowej, której żaden piłkarz nie był w stanie się oprzeć, kiedy prosiła o wywiad. Latynoskie telewizje zawsze wysyłają za drużynami narodowymi takie gwiazdy, aby mieć łatwiejszy dostęp do informacji. Poprosiłem ją, aby pomogła w zorganizowaniu wywiadów z trenerem Luisem Suárezem i kapitanem Ivanem Hurtado. Odparła, że tu nie trzeba niczego załatwiać. „Pomogę ci w tym tłumie znaleźć trenera, podejdziesz i sam sobie pogadasz" – wytłumaczyła. To był dzień z reprezentacją Ekwadoru zorganizowany dla licznej emigracji z tego kraju, która żyje w Niemczech. Piłkarze przeprowadzali jakiś luźny trening, a trener ruszył w tłum pogadać z rodakami. Uśmiechał się, pozował do zdjęć, odpowiadał na wszystkie pytania. Hurtado po krótkiej przebieżce też pląsał z kibicami w rytm latynoskich przebojów. Założył maskę smoka na głowę, aby było weselej. Z moim białostockim druhem Piotrkiem Wołosikiem patrzyliśmy na ten show z niedowierzaniem. I wtedy już chcieliśmy iść o zakład, że nasze „smutasy" nie dadzą rady Ekwadorczykom. Utwierdził mnie w tym przeczuciu trener Suárez i kapitan Hurtado, którzy oczywiście chętnie i wyczerpująco odpowiadali na każde moje pytanie. Zupełnie na luzie, bez napinania się. Wywiady ukazały się w „Dzienniku Polska Europa Świat", z którego byłem delegowany na mundial. I w jakiś sposób zrekompensowały gniew moich przełożonych, którzy domagali się wyrazistych deklaracji o wygranej, ale ze strony Pawła Janasa i jego podopiecznych. Jednak ci oczywiście niczego podobnego nawet nie próbowali zapowiadać, bo pewnie przeczuwali, że znów może być katastrofa. „Ten mecz zdecyduje o naszym wyjściu z grupy" – taka była myśl przewodnia moich ekwadorskich rozmówców. Nie mylili się. Nie mieliśmy z nimi żadnych szans.

Bulwarówki podchwyciły, że nasi przed meczem wyszli na stadion, aby sprawdzić murawę i zaczęli kamerami wszystko filmować. Zachowywali się jak wycieczka szkolna. Oni filmowali, a trybuny stadionu wypełnione przynajmniej czterdziestoma tysiącami rodaków skandowały: „Gramy u siebie, Polacy, gramy u siebie". Wszystko na nic.

M.B.: Gdybyśmy byli dobrze przygotowani, żadne filmowanie ani jakieś kłótnie o pieniądze z reklam zupek w proszku nikogo by nie interesowały. Podczas tego turnieju miałem wrażenie, że Janas był coraz bardziej sfrustrowany, zdenerwowany, zdawał sobie sprawę, że to nie jest nasz poziom. Odwracał się do tyłu, a na ławce rezerwowych nie było nikogo, kogo można by wpuścić na boisko. Tam siedzieli statyści. David Odonkor, czarnoskóry rezerwowy skrzydłowy w reprezentacji Niemiec pod koniec meczu w Dortmundzie zakręcił bidnym Darkiem Dudką, dośrodkował, a Oliver Neuville dostawił nogę i było po mistrzostwach. Już po drugim meczu.

C.K.: Janas, który nie chciał rozmawiać z dziennikarzami, na jedną z konferencji, a była to jedyna możliwość, aby media miały dostęp do reprezentacji, wysłał kucharza. Robiliśmy zakłady, czy na kolejną nie przyśle kierowcy autokaru.

M.B.: Znamy Pawła od lat i bardzo lubimy. Potrafi być duszą towarzystwa. Wspaniały człowiek. Jeden z nielicznych w tym środowisku, który lubi ludzi. Normalny, równy chłop. Ale jest humorzasty.

C.K.: Z Pawłem byłem zaprzyjaźniony od bardzo dawna. Także z jego synem Rafałem, który aż do mundialu był reporterem „Faktu", a ja długo jego szefem w dziale sportowym. „Dziennik", który mnie wysłał na mundial, podpisał z Pawłem umowę na reklamę. Mimo to podczas mistrzostw nie miałem szansy zrobić z nim rozmówki. Tak się zawziął. Nie odbierał telefonów, a jak się spotykaliśmy w korytarzu, odwracał się i uciekał. Tak samo reagował wobec innych dobrych znajomych. Nie mogliśmy uwierzyć w to, jak się wyizolował. Podczas konferencji przed meczem z Niemcami musiał się pojawić, ale na wszystkie pytania odpowiadał: „Tak, nie, nie wiem". Pamiętam, jak oburzali się niemieccy dziennikarze, których akurat nie cenię. Ale wtedy taka reakcja była jak najbardziej zrozumiała.

Podobnie jak w Korei znów zrobiło się nerwowo na linii: zawodnicy – dziennikarze. Tym razem w dawną rolę Hajto wcielił się Jacek Krzynówek, który podczas konferencji prasowej przed

meczem z Niemcami wypalił do reportera „Faktu":
„Wiemy, że część mediów ma niemieckiego właściciela, który płaci pieniądze za to, by deprecjonować osiągnięcia Polaków". Do dziś zachodzimy w głowę, o jakich osiągnięciach mówił. I jak mógł pominąć fakt, że jemu Niemcy płacili w tamtym czasie dużo więcej, bo grał wtedy w niemieckim klubie Bayer Leverkusen... Tymczasem niemiecki „Fakt" rękami polskich paparazzi uchwycił Grzegorza Latę, który wybrał się na zgrupowanie jako prominentny wówczas działacz PZPN. Popularny „Bolek" sprawnie rozlewał butelkę wódki podczas wieczornej „odprawy" sztabu. „Jest team spirit w drużynie. Z naciskiem na spirit" – żartował później w swoim stylu, zanosząc się głośnym śmiechem. Ewidentnie się czuło, że znów nic z tego nie będzie...

M.B.: Przy całym szacunku dla trenera, ale jednak sposób pracy polegający na tym, że nie wpierdalam się do drużyny, tylko pozostawiam jej swobodę w doborze taktyki, to za mało jak na poziom mistrzostw świata.

C.K.: Tak właśnie sklasyfikowano Pawła w środowisku: „Trener, który się nie wpierdala". Ale wyjaśnijmy, że to nie do końca jest pejoratywne określenie. Przecież dokładnie takim typem trenera jest chociażby jeden z najbardziej utytułowanych szkoleniowców świata Vicente del Bosque. Hiszpan na tym patencie zdobył ze swoją wspaniałą reprezentacją mistrzostwo świata i Europy.

M.B.: Niczego nie zamierzam Pawłowi ujmować. To jest facet, który grał w ćwierćfinale Ligi Mistrzów, jako asystent Wójcika zdobył srebrny medal olimpijski, jako piłkarz był trzeci na świecie w 1982 roku. Wychował wielu zawodników. Osiągał sukcesy, choćby w Legii, przy użyciu prostych środków. Nie był konfliktowy, potrafił się dogadywać z najstarszymi, najbardziej doświadczonymi zawodnikami. Właśnie oni, a nie on układali życie drużyny. I to też zawsze była jakaś trenerska mądrość Pawła. Wtedy Janas nie miał takiego komfortu, jak obecny selekcjoner. Nie było ani takich pieniędzy, ani takiej ochrony kadry ze strony władz PZPN. Na poziomie reprezentacji był trenerem policzalnym. W eliminacjach wyszliśmy z drugiego miejsca w grupie bez konieczności rozgrywania spotkań barażowych. Na dziesięć meczów wygraliśmy osiem. Dwa razy przegraliśmy z Anglią po 1:2. Wszystkie pozostałe mecze z równymi nam i słabszymi Paweł Janas wygrał. Umiał z tą drużyną żyć w eliminacjach i umiał jej walory uwypuklić. Okazało się jednak, że to było zbyt mało na poziom mistrzostw świata.

C.K.: Piętnem, które zostało odciśnięte na jego kadencji, były te słynne nominacje na mundial. Janas zaszokował Polskę, gdy nie zabrał czterech podstawowych zawodników: Jerzego Dudka, Tomasza Rząsy, Tomasza Kłosa i Tomasza Frankowskiego.

M.B.: Prowadziłem na żywo z hotelu Marriott show z przedstawieniem składu na mistrzostwa. Zwykle jest tak, że podczas tego typu imprez prowadzący wcześniej wszystko wie i trzyma to w tajemnicy. Umówiliśmy się, że selekcjoner wręczy nam kartkę ze składem na mistrzostwa pięć minut przed wejściem na antenę. I tak byliśmy wkurzeni, że tak późno, bo przecież trzeba było się jakoś przygotować, zrobić prezentację graczy, pościągać zdjęcia itd. Oczywiście mieliśmy nasze, wydawałoby się pewne nazwiska, może były ze dwa znaki zapytania. Zaczyna się impreza. I nagle Paweł zaczyna szokować. Kibiców, zawodników, nas dziennikarzy, swojego najbliższego współpracownika Macieja Skorżę, którzy zdążył późnym wieczorem obdzwonić wszystkich zawodników, którzy mieli być powołani i powiedział im, że zobaczą się na zgrupowaniu przed wyjazdem do Niemiec. Paweł zaczyna wyliczać, a u nas nie ma niektórych twarzy, aby przedstawić na grafice. Tak duże to były niespodzianki. Kompletnie się tego nikt nie spodziewał. Biorę go do studia i mówię: „Panie trenerze, ale zaskoczenie". A on: „Ale dla kogo zaskoczenie?". W swoim stylu. Zrobił, co chciał, wydawało nam się, że to jego autorska kadra mistrzostw świata, chociaż nie było pewności, czy ktoś z federacji mu przypadkiem nie szepnął do ucha, żeby odmłodzić kadrę i świeże rybki do niej wpuścić.

C.K.: Później na chłodno tłumaczył, że odstrzelonym zawodnikom zrobiono badania wydolnościowe i one wypadły bardzo źle. Janas sprawdzał ich formę w meczach towarzyskich tuż przed mundialem. Przegraliśmy wtedy ostatni sparing z Litwą, strasznie pudłował superstrzelec Frankowski. Nie brakowało zwolenników Pawła, którzy twierdzili, że powinien pójść jeszcze dalej i jeszcze kilku odstrzelić. Wtedy byłoby przynajmniej sprawiedliwie.

M.B.: Odstrzelił, ale na koniec trzeba było jechać na wielki turniej i zrobić przyzwoity wynik. A jednak się nie udało.

W hotelu, który wynajmowaliśmy podczas mistrzostw, mieszkała z dzieckiem żona naszego napastnika Irka Jelenia. To był jedyny zawodnik, który wyjeżdżał z bazy reprezentacji, która mieściła się w takiej mieścinie Barsinghausen. Miał pozwolenie ze sztabu, wpadał, wypijał kawkę, pogadał. Okazało się, że podczas turnieju był jedynym piłkarzem w formie. No, może jeszcze poza Arturem Borucem. Pomyślałem sobie później, że znów popełniliśmy ten sam błąd co w Korei. Teraz zamknięto piłkarzy w niemieckiej mieścinie. Tylko Jeleń miał kontakt z zewnętrznym światem. Dzięki temu był w stanie to wszystko unieść.

C.K.: Paweł po latach tłumaczył, że jednak miał rację, bo ci zawodnicy, z których tak niespodziewanie zrezygnował, nie wrócili do kadry.

M.B.: Ale po co mieli wracać? Przecież mieli już swoje lata i ten mundial miał być zwieńczeniem ich karier. To miał być dla nich ostatni turniej.

Żałuję, że wtedy zabrakło kilku zawodników, którzy w Korei zyskali doświadczenie w takim turnieju. Owszem, mieli już po trzydzieści parę lat, ale na przykład taki Świerczewski, który wrócił do Polski, był wtedy w topowej formie, wygrywał kolejne Puchary Polski, był wyróżniany jako najlepszy zawodnik. Trener nie chciał go, mimo że miał problem na środku pomocy. Zamiast wziąć doświadczonego zawodnika, wolał postawić na młodzież, która nie udźwignęła ciężaru. Skoro wszyscy jesteśmy zgodni co do tego, że skreślenie przed mundialem w Korei jednego znaczącego dla grupy zawodnika, Tomasza Iwana, rozbiło ekipę, to co powiedzieć o tym, że w 2006 roku odpadło aż czterech istotnych graczy. Paweł pozbył się czołowego strzelca Frankowskiego, który bardzo przyczynił się do naszego awansu. Jego gole były znaczące, nawet Anglii władował pięknego gola. Zrezygnował z Jurka Dudka. Przecież mimo wszystko mógłby on zaakceptować rolę zmiennika Artura Boruca. Należało odbyć męską rozmowę z Dudkiem i zapytać, czy godzi się na pozycję numer dwa w bramce reprezentacji. A on o tym, że nie jedzie na mundial, dowiedział się z telewizji. Ci piłkarze, którzy zostali chwilę wcześniej poinformowani przez Macieja Skorżę, że jadą na mistrzostwa, a teraz dowiadywali się, że nie ma ich w składzie, myśleli, że ktoś sobie jaja robi. Sama forma rozstania z nimi to był ogromny zgrzyt.

C.K.: Tak głośno było o całej tej sytuacji, że nawet kabarety nabijały się z tych nominacji, sugerując, że selekcjoner przedawkował swoją ulubioną whisky. Dudek, któremu złośliwy reporter zadał pytanie: „A może trener miał urodziny w wieczór poprzedzający wybory?", odparł równie złośliwie: „Z tego, co wiem, to pan trener ma urodziny codziennie".

M.B.: To nie jest tak, że Janas zaplanował to wszystko z wyprzedzeniem. To wszystko stało się w noc poprzedzającą nominacje we Wronkach, gdzie Paweł ma dom i czuje się najlepiej.

C.K.: Przy tradycyjnie bogato zastawionym wronieckim stole biesiadowali wtedy właściciele Amiki, cała ta wronecka ferajna, szef firmy Jacek Rutkowski, selekcjoner, jego najbliżsi współpracownicy i działacze PZPN z ówczesnym prezesem Michałem Listkiewiczem. Dowiedzieliśmy się od jednego z uczestników imprezy, że to właśnie prezes PZPN wziął Pawła na stronę i rozmawiał z nim przez dość długi czas. Podobno „Listek" obiecał Janasowi przedłużenie umowy, ale pod warunkiem że ten zabierze na mistrzostwa młodych, że to będzie skład na następne lata, że starych trzeba się już pozbyć. I Paweł na to przystał. Po prostu w ostatniej chwili zmienił decyzję. I ta, przy której pozostał, nie była decyzją do końca jego własną.

M.B.: Trener bramkarzy Jacek Kazimierski był zaskoczony, że mu zabrano Dudka. Asystent Maciej Skorża honorowo podał się do dymisji. Bo jak on wyglądał w oczach tych chłopaków, których zapewnił, że jadą na mistrzostwa? Jednak jakoś urobili Maćka. Wytłumaczyli, że będzie skandal, że może być bunt, że media się rzucą, że zepsuje się atmosfera przed wielką imprezą, że generalnie Polska go potrzebuje. I ostatecznie pojechał na mistrzostwa.

C.K.: Paweł miał obok siebie Maćka, ale już z przetrąconym kręgosłupem, i kilku innych współpracowników. Jednak ewidentnie był pozbawiony mocnego wsparcia ze strony władz PZPN. Był pozostawiony sam sobie. I nie udźwignął tego. W tym ponurym ośrodku w Barsinghausen, który też nie był jego wyborem, spalał się. Dosłownie. Palił po dwie paczki papierosów dziennie, nie jadł, schudł kilka kilogramów. Nie wyglądał na przywódcę grupy, która przyjechała na mistrzostwa, aby dokonywać rzeczy wielkich. Kadrowicze siedzieli sobie na głowie, znów nie wychodzili z ośrodka, jak przed czterema laty. Działacze popijali. A nasz najskuteczniejszy piłkarz z eliminacji, Maciej Żurawski, zakochany, wisiał godzinami na telefonie. Jego myśli były gdzieś poza turniejem.

Przed drugim meczem o wszystko przysłano Janasowi jako wsparcie nestora Antoniego Piechniczka, który dwa razy wychodził z reprezentacją z grupy podczas mundiali w 1982 i 1986 roku, ale to już był łabędzi śpiew. Piechniczek próbował pomóc, ale zdawał sobie sprawę, że to nie wygląda najlepiej.

M.B.: Te papierosy Pawła to jedyna rzecz, którą trudno było znieść. On palił bez przerwy. Po dwóch godzinach dyskusji z nim w jednym pomieszczeniu nie było czym oddychać. A „Pawki" zawsze słuchało się z otwartą buzią, bo to prywatnie człowiek wyjątkowo otwarty, prostolinijny, ma naturalną mądrość życiową.

C.K.: Do dziś jak się widzimy, dużo gadamy o sprawach prywatnych, życiowych. Nie tylko o piłce. Jest jak starszy kumpel, z niesamowitym poczuciem humoru. No i naturę ma jak my – bankietową. Chyba wybaczył nam te wszystkie niesnaski, kiedy walczyliśmy z nim jako selekcjonerem reprezentacji. Jak byłem dziennikarzem „Faktu" czy później „Dziennika", krytykowałem Pawła bardzo mocno, domagałem się nawet jego dymisji po przegranym meczu z Anglią. Dziś wiem, że nie powinienem być aż tak stanowczy w sądach. Pamiętam, jak już po wszystkim pojechałem do niego z butelką bardzo dobrej whisky, wyciągając rękę na zgodę. Nie miałem pewności, czy nie odwróci się na pięcie. Paweł rzeczywiście opierdzielił: „No i po co kupowałeś taką drogą?! Przecież ja i tak wszystko mazutem zalewam i smak jest zawsze taki sam". Zalewał colą. Po czym wyciągnął swoją butelkę i gadaliśmy do rana.

M.B.: Na koniec mundialu 2006 był jeszcze mecz o pietruszkę z Kostaryką w Hanowerze.

Wygraliśmy 2:1. Znów jak w Korei zagrali rezerwowi. Dwa gole wtedy strzelił właśnie jeden z nich, czyli Bartosz Bosacki. Wtedy wydawało się, że taki wyczyn musi przełożyć się na jego karierę.

C.K.: Bo ilu było Polaków, którzy strzelili więcej niż jednego gola podczas mistrzostw świata? Grzegorz Lato – 10, Andrzej Szarmach – 7, Zbigniew Boniek – 6, Kazimierz Deyna i Ernest Wilimowski – po 4, Włodzimierz Smolarek i Bartosz Bosacki – po 2.

M.B.: A Bosacki wtedy skończył reprezentacyjną karierę. To nie było tak, że po tym wyczynie nagle stał się na lata podstawowym piłkarzem kadry. Przeżył fajną krótką historię i na tym skończył się gwiezdny czas Bartka. To jest przykład na to, że zupełnie inaczej postrzega się osiągnięcia zawodników w spotkaniach, które już o niczym nie przesądzają. Nawet podczas takiej imprezy jak mundial. Inaczej gra się bez obciążenia psychicznego. Zdecydowanie łatwiej. To nie ma przełożenia na mecz o wysoką stawkę. Nawiązuję tu do tych „dzielnych rezerwejros" z 2002 roku w meczu z USA. Nie ma żadnej gwarancji, że oni w pierwszych meczach ugraliby cokolwiek więcej.

W 2006 roku byłem w świeżym związku z moją obecną małżonką. Jezu, jaki ja wracałem stęskniony z tych Niemiec.

Ale jak popatrzę na te wszystkie turnieje, to one w jakiś sposób wyznaczają całe moje życie.

C.K.: A Janasa oczywiście zwolnili, nie dotrzymując nieformalnej obietnicy z Wronek...

Rozdział II

Będzie, będzie Nawałka.
Będzie się działo...

Boniek i Nawałka. Podczas mundialu w 1978 roku w Argentynie byli razem na boisku. Od 2013 roku razem na pokładzie PZPN.

CEZARY KOWALSKI: Wyobraź sobie faceta, który nie udziela wywiadów, nie ma go w mediach społecznościowych, niewiele wiemy o jego życiu pozazawodowym. A jednak ludzie go kupują, kochają, ufają mu. Jest po prostu marką, naszym dobrem narodowym. Dziś ciężko byłoby kibicom zaakceptować trenera z zagranicy. On zdaje sobie sprawę, że nie musi zabiegać o popularność. On nią dysponuje według własnego uznania.

MATEUSZ BOREK: Z trenera, nie chcę powiedzieć przeciętnego, ale z faceta, który był po prostu dobrym ligowym trenerem, stał się jednym z najbardziej rozpoznawalnych ludzi w Polsce. Bardzo inteligentnie podchodzi do sprzedawania własnej osoby. Dostał pełną zgodę prezesa PZPN Zbigniewa Bońka, by nie pojawiać się za często w mediach.

C.K.: Adam Nawałka nie jest obecny poza koniecznym minimum: nie udziela wywiadów, nie pokazuje się w telewizjach śniadaniowych. Nie zobaczysz go u podstarzałego showmana w popularnym programie rozrywkowym ani w fachowej audycji piłkarskiej. Stał się towarem unikalnym.

Absolutnie chroni także swoje życie prywatne. Na jakże innym biegunie był choćby Franek Smuda, który odesłał kiedyś dziennikarkę „Dziennika", by zadzwoniła za pięć minut, bo teraz... siedzi na sedesie. A mnie powiedział w wywiadzie dla „Polska The Times", by przekazać Borucowi, że on „nie jest miękkim ch... robiony" i żeby to koniecznie wydrukować w gazecie.

M.B.: Adam postanowił również, że publicznie nie ocenia formy poszczególnych piłkarzy. Pojawia się tylko na oficjalnych konferencjach prasowych. Staje przed kamerą, kiedy już musi, bo obligują go do tego zasady UEFA i FIFA: po meczach eliminacyjnych ma obowiązek udzielić wywiadu stacji, która ma prawa do transmisji spotkania.

C.K.: Gdyby odbywały się mistrzostwa świata w publicystycznym laniu wody, miałby pewny złoty medal. Mówić przez godzinę i nic nie powiedzieć? Jest w tym mistrzem. Nie wiem, jak to robi. Zawsze się zastanawiam, czy ta niewątpliwa sztuka socjotechniczna jest wrodzona, czy wyuczona.

M.B.: Jest cierpliwy, zawsze uśmiechnięty. Ma wizerunek pogodnego faceta. Lubi przebywać wśród dzieci, z każdym pogada. Adam zawsze jest taki, jak to dobrze powiedzieć... On momentami jest mało ciekawy dla dziennikarzy, bo my chcemy show, by coś się działo, chcemy newsów. Dla nas, pod względem zawodowym, on jest nudziarzem. Ale prywatnie to świetny rozmówca i wesoły facet. Jednak zbudować na nim jakieś medialne przedstawienie to raczej nie da rady. Potrafił przerwać nagranie telewizyjnego wywiadu, kiedy usłyszał pytanie, na które nie zamierzał odpowiadać. „Tutaj miała stać woda na stoliku. Nie ma wody, nie tak się umawialiśmy" – powiedział, wstał i wyszedł.

C.K.: Kiedyś przeprowadzałem wywiad z Nawałką i odliczałem czas do jego zakończenia. Bez przerwy nawijał o tej swojej motoryce, lokomocji itd. Na wszystkie pytania odpowiadał ogólnikami. Nic się nie dało z niego wydusić. Wydawało mi się, że jaja sobie ze mnie robi. Wtedy mnie to irytowało, dziś zdaję sobie sprawę, że to część jego gry. Taka skorupa, maska, którą na siebie założył, by czuć się komfortowo. W jego przypadku ten banał, który powtarza wielu milczków w świecie sportu, że „wolą przemawiać wynikami na boisku", jest akurat trafny.

M.B.: Ale to nie tak, że trener media ma absolutnie w nosie. Przeciwnie. Najśmieszniejsze jest to, że oni w sztabie reprezentacji wszystko oglądają i czytają, wszystkiego słuchają. Każdy wywiad piłkarza jest przeczytany, obejrzany, przeanalizowany. Pełna inwigilacja.

C.K.: Kiedyś reporter zadzwonił do obrońcy Thiago Cionka, a ten szczerze uprzedził, że, niestety, nic ciekawego nie może powiedzieć. Bo trener mu polecił, że jak rozmawia z dziennikarzami, to ma mówić krótko i nieciekawie. Dyrektor reprezentacji Tomek Iwan, jeden z najbliższych współpracowników selekcjonera, to na co dzień medialne zwierzę, facet bardzo elokwentny. Natomiast po skończonej rozmowie do gazety natychmiast mnie przepraszał, bo zdawał sobie sprawę, jakim nudziarstwem mnie uraczył. Mówił: „Sam wiesz, muszę dbać, by nie zdradzać naszych tajemnic, muszę być fair wobec Adama". Ta aura tajemniczości też jest budowana z premedytacją. Wszyscy pracujący w tym projekcie, który nazywa się kadra Nawałki, mają dzięki temu jeszcze większe poczucie misji, wspólnoty, wyjątkowości roboty, którą wykonują. I to jest chyba dobry pomysł. Nie ma się co obrażać.

M.B.: Nawałka przemawiający w szatni do piłkarzy, a Nawałka z konferencji prasowych – to dwaj zupełnie inni faceci.

C.K.: Czyli ma dwie osobowości.

M.B.: Dokładnie. Zacznijmy od tego, że był nieprzeciętnie utalentowanym piłkarzem. Kiedy jako młody chłopak grał wraz Bońkiem na mundialu w Argentynie w 1978 roku, u Jacka Gmocha, to wydawało się, że świat stoi przed nim otworem. Że mamy pomocnika na dziesięć lat. Kontuzja spowodowała, że w piłce nie osiągnął tyle, ile mógł. Dlatego dzisiaj z taką troską patrzy na Arkadiusza Milika.

Z jednej strony, to jego ulubiony piłkarz, z drugiej – wie, jak ciężkie są powroty po kontuzjach, sam zna ten ból. Ale Milik ma dzisiaj inne możliwości, bo w innym miejscu jest medycyna. Przed laty po ciężkiej kontuzji już nie wracałeś do takiej samej dyspozycji.

C.K.: Nawałka nie daje się ponieść emocjom. Do wielu spraw podchodzi z dystansem i nawet kiedy wygrywa, to gdzieś z tyłu głowy zawsze pojawia się u niego myśl, że za chwilę to szczęście może się odwrócić. Irytowały mnie te jego zdania wytrychy, kiedy po jednym czy drugim sukcesie powtarzał: „Na razie nic nie wygraliśmy, pracujemy, pracujemy, pogadamy, jak coś naprawdę zdobędziemy". Myślałem, że to takie kokietowanie, puszczanie oka. Dziś coraz częściej wydaje mi się jednak, że te wymyślone wcześniej zabiegi, nazwijmy je medialno-socjotechnicznymi, tak mu weszły w krew, że on już tak autentycznie myśli.

M.B.: Przed laty miałem okazję poznać Nawałkę z innej strony. Spędzaliśmy razem sylwestra u Piotra Świerczewskiego. Piotrek go bardzo lubi i zawsze zapraszał. To były te słynne sylwestry u „Świra" w Nowym Sączu. Wtedy Adam przyjeżdżał jako młody trener, skromny, spokojny, zawsze z żoną Kasią. Był trochę wycofany, tam prym wiodła grupa bankietowa, słynna grupa „Lambada". Piotrek praktycznie zawsze zapraszał całą drużynę, za każdym razem było dziesięciu, dwunastu reprezentantów Polski plus show-biznes, od Lady Panku po laureatów „Szansy na sukces" itd. Adam bawił się świetnie, ale jednak czuć było ten dystans.

Wstaję po jakiejś imprezie w hotelu, schodzę około siódmej rano, bo czasem, jak się człowiek obudzi zmęczony po zabawie, to najgorszym, czego możesz doświadczyć, jest brak wody w pokoju i zamknięte minibary. Absolutnie zmiażdżony przemierzam schodek po schodku i na dole spotykam Adama, już po bieganiu i po treningu na siłowni. Ogolony, czuć, że markowy psik, psik też zrobiony. A poprzedniego wieczora razem siadaliśmy do stołu... Czyli gdzieś między piątą trzydzieści a siódmą rano Nawałka już pracował. I zawsze uważa na to, co, jak i ile je. U niego codziennie musi być trening, zdrowa żywność, dieta, sen. Zaraził tym cały sztab. Dzisiaj w reprezentacji nawet analitykowi czy masażyście nie wypada mieć brzucha. Tam wszyscy muszą być fit i wszyscy muszą wchodzić w garnitury slim.

C.K.: Trener podszedł do mnie ostatnio na spotkaniu noworocznym, pogładził po brzuchu, i z szelmowskim uśmieszkiem rzucił: „No, Cezary, ależ forma, ależ ci się powodzi! Oglądam cię, oglądam!". I nie chodziło mu o formę mojego felietonu „Cezary z pazurem"... Dzisiaj głupio się przy kadrze kręcić nawet reporterowi z nadwagą. Takie podyktował trendy.

M.B.: Kult ciała, świadomość własnego organizmu, jedzenie bezglutenowe itd. Andrzej Iwan opowiadał mi, że Adam był taki sam w latach siedemdziesiątych w Wiśle Kraków. Nie jadał byle czego, zawsze był przystrzyżony, to pierwszy piłkarz, który w tamtych latach chodził na pedicure. Dzisiaj każdy trener w Niemczech czy we Francji powie ci, że stopy to narzędzie pracy piłkarza, trzeba więc uważać, by nie mieć grzybicy, by mieć dobrze obcięte paznokcie. Kiedyś by cię za to wyśmiali, powiedzieli, że jesteś jakiś zniewieściały...

C.K.: Nawałka w tej kwestii wyprzedził epokę. Podobał się dziewczynom, miał ładny uśmiech, blond włosy, nienaganną sylwetkę. I świetnie grał w piłkę. Jego koleżanka z krakowskiego ogólniaka wspominała, że był takim chłopakiem, który działał jak magnes. Kiedy zbiegał po schodach, to wszyscy mieli wrażenie, że on właściwie nie biegnie, ale po nich płynie. Normalnie młody bóg.

O jego kulcie pracy też opowiadają anegdoty, że po meczach w ogóle nie kładzie się spać.

M.B.: To prawda. Kiedy wracaliśmy z wygranego meczu w eliminacjach, to każdy trener, już nie mówię o Januszu Wójciku czy Pawle Janasie, ale nawet Jurek Engel, Franek Smuda i Waldek Fornalik, z grupą asystentów wypijał po trzy whiskacze, szedł spać i ewentualnie za trzy dni zajmował się jakąś analizą. Natomiast Nawałka, kiedy wchodzi następnego ranka po meczu do samolotu, jest już po trzech albo czterech seansach analiz ze współpracownikami. Rozebrali już na elementy wszystko, co się wydarzyło.

C.K.: Słysząc o tego typu trenerach, zawsze miałem z tym dylemat. Kiedyś żartowano, że José Mourinho ma takiego hopla na punkcie taktyki, że nawet meble w domu ustawił w systemie 4-4-2. Rodzi się jednak pytanie, czy futbol to matematyka, czy wszystko da się wyliczyć, wszystko przewidzieć, czy to aż tak policzalna dyscyplina? Czy takie rozbieranie rywali i swojej drużyny na czynniki pierwsze jest niezbędne do odniesienia sukcesu? Jakkolwiek na to patrzeć, futbol to jednak prosta gra. Ot, dwudziestu dwóch facetów biega za piłką. Może czasem potrzebny jest dystans? Może po prostu warto po meczu walnąć lufę, jak wspominałeś?

M.B.: Adam uważa, że jednorazowa analiza nie musi pomóc, ale na dłuższą metę przy takiej profesjonalizacji, przy takim szczegółowym spojrzeniu na wszystkie historie meczowe, przy tak wyrównanym poziomie, detale mogą przechylić losy meczu na naszą stronę. Te analizy Adama to nie tylko roztrząsanie czysto sportowych sytuacji. On zwraca uwagę na teoretycznie nieistotne szczegóły: jak się chłopaki witają, jak zachowują się przy stole, jak szybko jedzą, o czym rozmawiają, gdzie trzymają ręce itd.

Pamiętam, jak po meczu Polska – Niemcy siedzimy w loży VIP prezesa Bońka na Stadionie Narodowym. Panuje euforia, wszyscy padamy sobie w ramiona, śpiewamy „Polska biało-czerwoni", wznosimy toasty. Kapitalna atmosfera. Spotykam Kasię, żonę Adama, i mówię: „Kasiu, kurde, teraz będziecie mieć święto w Krakowie. Dorożki za darmo, codzienny spacer za rękę po Rynku, wizyty w zakładach pracy, wszyscy was będą pozdrawiać!". A ona wzrusza ramionami: „Co ty? Ja wracam sama, bo oni mają analizę, on wróci za trzy dni". Czyli Adam nawet po tym meczu z Niemcami, który był przełomem, nie wrócił z żoną następnego dnia do Krakowa, tylko zajął się robotą. Jest od niej uzależniony. Może to trochę substytut? Nie ma dzieci, może dlatego całe życie poświęcił pracy?

C.K.: Jeden z agentów, który reprezentuje interesy kilku zawodników reprezentacji, jeszcze w pierwszym okresie Nawałki, kiedy mu nie szło, twierdził, że problem leżał właśnie w naturze i przyzwyczajeniach selekcjonera. Bo drużyna to nie dzieciaki, które należy pilnować niczym kolonistów. To dorośli faceci, z milionami na koncie, grający w wielkich klubach z wielkimi osobowościami, a tu się ich pilnuje, by na posiłek zakładali odpowiednie obuwie i tak organizuje się zgrupowania, by nie mieli na nic czasu.

M.B.: Tak rzeczywiście było, ale dzisiaj to już przeszłość. Wiesz, dlaczego Nawałka próbował

wprowadzić taki dryl? Bo byliśmy po dwóch nie-
udanych przygodach. Blamaż na Euro 2012 za czasów Franka Smudy i nieudane eliminacje Waldemara Fornalika do mundialu w Brazylii w 2014 roku.
Piłkarze, którzy mieli u tych trenerów luz, w końcu musieli się sami puknąć w głowę i powiedzieć:
kurczę, tak to jednak nie działa. Mimo że do szatni reprezentacji wchodził trener, którego ostatnim
osiągnięciem było szóste miejsce w Ekstraklasie
z Górnikiem Zabrze, to postanowili na początku
zaakceptować jego zasady. Trochę na próbę. A nuż
się uda w ten sposób... Wiadomo, że to od razu nie
zaskoczyło i nie wszystkim się spodobało.

C.K.: Z drugiej strony to była przecież powtórka z Fornalika. Też solidny trener, ale tylko na
poziomie polskiej ligi, któremu nasze zarabiające
miliony euro rocznie gwiazdy z zagranicznych klubów mówiły: „Panie! Co mi pan tu?".

M.B.: Zgadza się, ale Fornalik był jednak
dużo grzeczniejszy od Nawałki. Taki ma charakter.
A Nawałka? Może to nie zamordysta, ale na pewno
miał od pierwszego dnia wypisane na twarzy, że to
on jest tu szefem. Że nie podskoczą mu nawet do-
świadczeni gracze po trzydziestce. W Górniku bali
się go również ci najstarsi. Trzeba pamiętać, że Nawałka miał także wsparcie nowego szefa PZPN Zbigniewa Bońka. Fornalik był natomiast trenerem za-
stanym przez „Zibiego", jeszcze z nadania Grzegorza
Laty. A wiesz przecież, jaka jest różnica w komforcie

pracy, kiedy wspiera cię szef. Boniek dał Nawałce poczucie, że jakby coś nie grało, to najpierw wywali wszystkich innych, a dopiero na końcu jego. Bo musimy to wszystko uporządkować, wprowadzić dyscyplinę w reprezentacji. Tak jak PZPN się zmienił w korporację, tak drużyna nabrała cech korporacyjnych.

C.K.: Nie spodziewałem się, że Boniek postawi akurat na Nawałkę, że w nim będzie widział selekcjonera. Wcześniej sondował Szweda Larsa Lagerbäcka i Dariusza Wdowczyka. Ale myślę, że Zbyszek też brał Adama pod uwagę, znał go z boiska, z szatni, z jednej drużyny. Wiedział, jakie ma atuty, jaką osobowość, jak bardzo jest uporządkowany, zdyscyplinowany, jakimi się kieruje zasadami.

M.B.: Boniek pojechał do Nawałki na rok przed tym, jak ogłosił go selekcjonerem. Kiedy wygrał wybory w PZPN powiedział, że bez względu na wynik eliminacji mundialu nie zwolni Fornalika do ich końca. Mówił, że trener jest dobry i nie w nim tkwi problem, ale Nawałka już pracował praktycznie na dwa etaty. Był jeszcze w Zabrzu, ale już układał sobie kadrę. Za kasę z Górnika i jeszcze bez tej z PZPN. Potem, na podstawie pierwszych meczów towarzyskich, dokonał selekcji negatywnej. Po prostu przekonał się, że ci gracze, którzy imponowali mu w Ekstraklasie, na poziom reprezentacyjny się nie nadają.
Przez kilka lat, podczas transmisji meczów reprezentacji, nie siadałem od razu na stanowisku

komentatorskim. Rozpoczynałem pracę od wejścia na murawę. Zawsze mieliśmy z Tomkiem Hajto taki stand-up z boiska, na godzinę przed meczem. Później jeszcze przez kilkadziesiąt minut przyglądaliśmy się, jak tłum na trybunach gęstnieje, jak chłopaki wychodzą na murawę. Witaliśmy się z nimi, gadaliśmy chwilę. Później przychodził do nas trener. Miałem okazję poobserwować jego zachowania. Od meczu z Niemcami w Warszawie to był już inny Nawałka. Jak przychodził przywitać się z trenerem Niemców Joachimem Löwem był oczywiście uśmiechnięty, świetnie ubrany, przygotowany, ale było widać w jego zachowaniu jakiś nieprawdopodobny respekt. Jakby patrzył na gościa z innego świata. Kiedy walnęliśmy Niemców, zrobił się inny Nawałka. Nawet jak rękę do ciebie wyciąga, to jakoś tak bardziej energicznie. Jakby nie zwracał już uwagi na to, jak zareaguje drugi człowiek. Bo przejmuje inicjatywę. Błyskawicznie nauczył się jako trener chleba reprezentacyjnego. Wystarczyło kilka zwycięstw. Potrafił z nich skorzystać jak mało kto.

C.K.: Po tym meczu już miał kupioną szatnię. Już mu wszyscy ufali. Opierdolił przecież Niemców. Nie udało się to nigdy wcześniej żadnemu trenerowi reprezentacji Polski. A wcale się na to nie zanosiło. Te jego pierwsze wybory personalne i mecze to był koszmar. Nie dało się tego oglądać.

M.B.: Trzeba jednak powiedzieć jedną rzecz – w większości przypadków nie próbował udowadniać, że ktoś się nadaje do kadry, skoro się nie nadawał. Oczywiście można powiedzieć, że się uparł na kilku zawodników i oni go nie zawiedli, ale jednak wiele tych eksperymentów błyskawicznie zarzucił.

C.K.: W legendarnym już meczu z Niemcami mieliśmy oczywiście mnóstwo szczęścia, ale też było tam bardzo dużo prawdziwie fachowej ręki trenerskiej. I nosa. Przecież powołanie weterana Sebastiana Mili i wpuszczenie go na murawę, by dobił Niemców tą swoją świetnie ułożoną lewą nogą, to był trenerski majstersztyk.

No i współpracownicy. Zapatrzeni w Nawałkę, raczej nie są w stanie sami zdecydować o niczym. To swego rodzaju piłkarskie wojsko. Pamiętam, jak nasz kolega, dziennikarz z Białegostoku Piotrek Wołosik, opowiadał, że u Tomasza Frankowskiego zatrzymał się jego były kolega z boiska Bogdan Zając, dziś asystent Nawałki. Wołosik się o tym dowiedział i postanowił wykorzystać okazję, zrobić rozmówkę do gazety. Zadzwonił, że chce się spotkać. Konsternacja! Przestraszony współpracownik selekcjonera błagał, by nie wydać miejsca jego pobytu, bo on jest tajnym wysłannikiem Nawałki, przyjechał obserwować jakiegoś piłkarza Jagiellonii. I to jest tajne! To już zakrawało na absurd. Powinien sobie jeszcze ze strachu wąsy dokleić, by nikt go nie rozpoznał.

M.B.: Nie sądzę, by tu chodziło o strach. Oni po prostu znają swoje miejsce w szeregu. Piłka to nie jest system demokratyczny. Nikt nie powiedział, że taki w futbolu musi funkcjonować. W szatni władza bezwarunkowo należy do Nawałki. To, co on mówi, jest święte. Jak się komuś nie podoba, może iść do innego sztabu. Nawałka wymaga bezwzględnej lojalności i widać, że ją dostaje. Przecież mógł wziąć sobie do współpracy każdego, może droższych asystentów i trenerów, może nawet dużo bardziej doświadczonych na poziomie reprezentacyjnym. Ale dla niego tym podstawowym kryterium jest lojalność. Oni wszyscy, cały sztab, musieli się uczyć reprezentacji, bo jednak specyfika piłki klubowej jest inna – tam koncentrujesz się na przygotowaniach w jakimś mikrocyklu, a tu dostajesz zawodników na kilka treningów i od razu grasz.

C.K.: Mądrością szefa jest to, jakimi współpracownikami się otaczasz.

M.B.: Nawałka woli z mądrym przegrać, niż z głupim wygrać. Kiedy pracuje z nim Zając i ta cała grupa współpracowników, to wie, że nie ma żadnych podśmiechujek za plecami i nigdy od nikogo nie usłyszy tekstów w rodzaju: „Ja bym zrobił inaczej". Takie zachowanie jest modne wśród asystentów w lidze. Jednego dnia są asystentami, a następnego wyrzucają pierwszego trenera, wcześniej knując za jego plecami.
Mnie historia z Białegostoku wcale nie dziwi, bo sam byłem kiedyś zszokowany inną sytuacją z Opola. Kompleks rozrywkowy otwierał tam Kuba

Błaszczykowski razem z Jurkiem Brzęczkiem. Kuba poprosił mnie, żebym poprowadził otwarcie tego klubu. Po części oficjalnej siedzimy przy stole, był też Bogdan Zając. To były pierwsze miesiące pracy Nawałki z kadrą. Jak to przy stole, impreza, zabawa, żarty. Lufa, lufa, i pytam Zająca: „Bogdan, no to kogo bierzecie na najbliższy mecz?". A on udaje, że nie słyszy, więc znowu powtarzam pytanie. Wtedy poderwał się na baczność i powiedział oficjalnym tonem: „Przepraszam bardzo, o pracach sztabu reprezentacji Polski i trenera Nawałki nie wolno mi rozmawiać". Pomyślałem sobie wtedy: „Co to, k...,jest za gość?". Kiedy grał jeszcze w piłkę, jeździłem na Wisłę Kraków i zawsze wydawał mi się sympatyczny, uśmiechnięty, normalny, a tu coś takiego? Powiem szczerze, strasznie mnie wtedy wkurzył tym tonem. Ale potem zrozumiałem, że może tędy droga. Nas to może drażnić, ale pomyśl sobie, że przez te wszystkie nasze dziennikarskie lata zawsze mieliśmy swoich informatorów w kadrze i bardzo często to byli ludzie ze sztabu. Nawet jak to nie był pierwszy trener, to zawsze miałeś dwóch, trzech asystentów, do których dzwoniłeś i wyciągałeś wszystkie informacje: jakie będą powołania, kto zagra. Zawsze ktoś nam z tzw. ucha strzelił. A teraz szkoda nawet dzwonić, bo wiadomo, że to będzie tylko strata baterii w telefonie.

C.K.: Teraz dzwonimy gdzie indziej, musimy bazować na nowych źródłach. Wróćmy do zacięcia analitycznego Nawałki. Często się zastanawiam, skoro ma tak wszystko rozpracowane, dlaczego podczas Euro nie wyszło mu, że w kluczowym meczu z Portugalią o awans do półfinału powinien dokonać zmiany w bramce przed serią rzutów karnych.

M.B.: To nie była kwestia analizy, tylko odwagi. Chwaląc warsztat Adama i jego jako człowieka, pamiętajmy, że nie jest maszyną, że targają nim emocje, że istnieje takie uczucie jak strach.

C.K.: Jednak nawet z pobieżnych analiz musiało Nawałce wynikać, że Artur Boruc lepiej broni karne niż Łukasz Fabiański. Przecież to wiedzą nawet przeciętni kibice. Do czego zmierzam? Czy Nawałka nie jest trenerem, który lubi grać w bezpieczny sposób? W meczu z Portugalią nie zaryzykowaliśmy, choć aż się o to prosiło. Oczywiście można podać sporo przykładów, kiedy selekcjoner zapraszał do kadry nowe twarze i zaskakiwał. Choćby w meczu z Niemcami, kiedy zagrał spisywany już dawno na straty Sebastian Mila. Czy jednak nie jest tak, że Nawałka polubił pewną grupę graczy, ma do nich zaufanie i czy ta wiara w nich nie jest za duża? Na takim podejściu przejechało się już wielu trenerów...

M.B.: Pamiętam Zbigniewa Bońka, który szalał po meczu z Portugalią z absolutnym przeświadczeniem, że nie zrobiliśmy wszystkiego, co można było zrobić. Rzeczywiście, ten szybko zdobyty przez Polskę gol spowodował, że nie poszliśmy za ciosem, oddaliśmy połowę boiska rywalowi, cofnęliśmy się i chcieliśmy ten wynik dowieźć. A myślę, że gdybyśmy zaatakowali zaraz po pierwszej bramce, gdybyśmy na nich siedli, to była szansa zagrać w półfinale. Ale nie możemy patrzeć na Euro przez pryzmat tego, że nie byliśmy odważniejsi z Portugalią. Bo może nie byliśmy odważniejsi przez to, że się nam wydawało, że jesteśmy stuprocentowym faworytem meczu z Ukrainą, jeszcze w fazie grupowej. A gdyby oni byli skuteczniejsi, może przegralibyśmy wtedy 2:5? A co się działo w drugiej połowie ze Szwajcarią, kiedy była dogrywka, kiedy wybijaliśmy po autach? Można powiedzieć – cóż, nie wygrałeś, bo nie miałeś szczęścia. Ale już nie chcesz pamiętać, że w Szwajcarii pisano, że nie widzieli takiego meczu, by odpaść z tak słabym zespołem jak Polska. Myślę też, że trener cały czas się uczy. To był jego pierwszy turniej. Wygrywasz 1:0, jest ćwierćfinał, zostało 61 minut do półfinału, byle nie stracić bramki! Tylko nie stracić! Taka myśl musiała się urodzić. Łatwo się mówi po meczu, że trzeba było zaryzykować, ruszyć do przodu.

C.K.: Wtedy pojawiły się plotki o ewentualnej zmianie trenera. Nie wierzyłem w nie, Nawałka był już niesamowicie popularny, stali za nim kibice. Chociaż w mediach społecznościowych pisano, że relacje między prezesem PZPN a trenerem się ochłodziły.

M.B.: Nie, to bzdura. Była taka plotka, że Boniek nie został zaproszony na jakiś trening, bo Adam nie wpuszczał dosłownie nikogo. Nie wyobrażam sobie, że prezes PZPN, który zapłacił za ośrodek treningowy, może nie wejść na trening. To jego biznes, to jego pracownicy. Więc nie wierzę, że Boniek chciał wejść na jakiś trening, a Nawałka go nie wpuścił. Być może na pewnym etapie trener chciał mniej mówić o składzie. Nigdy prezes nie powie trenerowi, kto ma grać. Natomiast z racji tego, że Boniek – jak sam mówi z przekorą – grał w piłkę „krótko i słabo", to ma prawo wypowiedzieć się na pewne tematy i podyskutować z trenerem.

Obecny wiceprezes PZPN Marek Koźmiński, kiedy kupił Górnika Zabrze i był jego właścicielem, to stworzył drużynę, w której niektórzy grali za 700 złotych i obiady. Bazował na swojej znajomości futbolu, wyciągał młode talenty, których nie dostrzegali inni. Zawsze wieczorem przed meczem szedł na kolację z trenerem Wernerem Liczką i prosił go o skład, pytał o argumentację, dlaczego ten zawodnik ma zagrać, a nie inny. Uważam, że to normalne. To twój biznes, twoja drużyna. Ufając trenerowi, chcesz jednak wiedzieć, jaki wystawi skład, jaką przewiduje taktykę.

C.K.: Wróćmy do karnych z Portugalią, bo to moment graniczny w polskiej piłce. Mogliśmy tę granicę przeskoczyć i po wielu latach sięgnąć po medal na wielkiej imprezie, co miałoby swój wymiar nie tylko historyczny. Mnie bardziej niż nasza gra utkwiła w pamięci twoja rozmowa z Łukaszem Fabiańskim na gorąco, zaraz po meczu. Było jasne, że pakujemy manatki i jedziemy do domu. Chłop się zwyczajnie rozpłakał. Nie dał rady obronić żadnego karnego i szczerze przepraszał za to całą Polskę. Miałem wtedy przed oczami tych wszystkich celebrytów, którzy nic nie zrobili, a stają na głowie, by zaskarbić sobie sympatię publiczności. Tymczasem przed kamerą stał prawdziwy sportowiec, który swoją szczerością, nieskrywanymi emocjami i jakimś irracjonalnym poczuciem winy kupił nas wszystkich. Pokazał, że jednak futbol, przy jego całej komercjalizacji, nie stracił na autentyczności. Cała Polska chciała wtedy przytulić i pocieszyć „Fabiana". Skonfrontuj to z nieudanym wstępem na igrzyskach w Pjongczangu biathlonistki Weroniki Nowakowskiej, która w słynnym już komentarzu zwróciła się do narodu, do jego nienawistnej części: „W dupie byliście, gówno widzieliście".

M.B.: Zacznę od tego, że Fabiański przed tym wywiadem był w pierwszej trójce piłkarzy reprezentacji Polski, których znałem najmniej. Prawdopodobnie miał trochę ukryty żal do mnie i do paru innych dziennikarzy, że zawsze preferowaliśmy w bramce Artura Boruca. Boruc był showmanem, kumplem, nie uciekał w życiu od zabawy, pamiętamy go jeszcze jako czwartego bramkarza Legii. Ale tak naprawdę Fabiański jest jedynym bramkarzem, który w ostatnich paru latach grał w lidze wszystko. Jednak to nierówny sportowo

Boruc miał nieprawdopodobną charyzmę. W każdym klubie, do którego szedł, z rezerwowego stawał się gwiazdą. Tak było w Legii, Celticu Glasgow, Fiorentinie, Southampton, a wreszcie w Bournemouth. W niektórych klubach, jak w Legii czy Celticu, stawał się wręcz ikoną. Natomiast Łukasz tak po cichutku, po cichutku bił kolejne rekordy, jeśli chodzi o liczbę występów. Kiedy był zdrowy, nikt nawet nie zająknął się o ewentualnej zmianie bramkarza w Swansea. Miał największą stabilność i pewne miejsce w składzie. Uznałem, że po zakończeniu meczu nie mogę nie zaprosić do rozmowy bramkarza, który przeżył swoją historię, wchodząc do bramki za Wojciecha Szczęsnego. No i nie obronił żadnego karnego.

Toczy się więc rozmowa i w pewnym momencie on wybucha płaczem. Tak, zareagował niesamowicie emocjonalnie, zaczął przepraszać całą Polskę i kolegów, że zawalił mecz. Starałem się go pocieszać, mówiłem, że dzięki niemu tu jesteśmy, że dotarliśmy do ćwierćfinału, bo miał dwie świetne interwencje ze Szwajcarią... A on, że to nieważne, że zawalił, że jak można nic w karnych nie złapać...

Wtedy pojawiły się głosy, że Nawałce zabrakło odwagi, by jak Holendrzy na poprzednim mundialu zmienić bramkarza przed serią karnych. Myślę, że Nawałka ma w sobie cechy wizjonera, ale na pewno zdawał sobie sprawę, że czas Boruca się kończył. Załóżmy taką sytuację: wchodzi Artur, broni trzy karne, euforia. Boruc jest na pierwszych stronach gazet, staje się bohaterem. Super. A teraz załóżmy odwrotną sytuację: z Arturem w bramce też wpadają wszystkie karne. I wtedy wszyscy mówią, że trener się skompromitował, a Boruc to grubas, który nie zdążył do żadnej piłki. Wyobraź sobie, co się wówczas dzieje z Fabiańskim. Chłopak do końca życia mówi sobie: „K..., jakbym został w bramce, to może byłbym gwiazdą Euro". I trener być może myślał sobie, by wpuścić Boruca, ale co będzie, jak nic nie obroni? Ugotowany Boruc, ugotowany „Fabian", ugotowany Nawałka, do którego młodszy bramkarz ma żal do końca życia. A Boruc i tak już powoli kończy karierę.

C.K.: Ale czy w piłce nie jest potrzebna odrobina szaleństwa, braku kalkulacji? Może czasem trzeba się posłużyć trenerskim nosem. Jasne, że Franek Smuda z tym przesadzał, olewając wszystkie analizy i statystyki. Mówił na przykład, zanosząc się śmiechem, że jak z psem idziesz na spacer, to statystycznie macie po trzy nogi...

M.B.: W meczu Holendrów najprawdopodobniej takie same dylematy miał Louis van Gaal. Ale miał też inną pozycję w światowym rankingu trenerów.

C.K.: Detalem, który zbudował Nawałkę i jego reprezentację w obecnym kształcie, była teoretycznie błaha sprawa – zmiana kapitana. Przez lata opaskę kapitańską nosił Kuba Błaszczykowski, bo miał też najwięcej występów w reprezentacji. Selekcjoner, kiedy Kuba był kontuzjowany, powierzył opaskę Lewandowskiemu i tak już zostało. Podtekstem tej sprawy jest słynny konflikt tych naszych najlepszych piłkarzy. O tym, że mleko się już kompletnie rozlało, zdecydowała sytuacja żywcem przeniesiona z przedszkola. Na lotnisku w Pireusie, skąd ówcześni dortmundczycy wracali po jakimś meczu, Robert skoczył po kanapki. Przyniósł tylko dwie, dla siebie i dla Łukasza Piszczka. O Kubie nie pomyślał. I... ich drogi się rozeszły. Nie wierzyłem w tę opowieść, traktowałem ją jak plotkę, pierdołę po prostu, ale Piszczek zapytany o to w wywiadzie dla „Polska The Times", nie zaprzeczył. Tłumaczył, że „Było, minęło"...

M.B.: Nieporozumienie, które urosło do rangi wielkiego konfliktu. Ciężko ich winić, to byli młodzi ludzie, każdy ze swoimi ambicjami, aspiracjami, każdy na innym etapie życia. To spięcie było wynikiem wcześniejszych relacji. Kuba miał pewnie żal do Roberta, bo dużo mu pomagał w pierwszym etapie jego gry w Niemczech. I pewnie czuł, że kolega tego nie docenił. On już był w Dortmundzie, kiedy Robert tam przyjechał. Mógł liczyć na pomoc we wszystkim: z nauką języka, z mieszkaniem itd.

C.K.: Lewandowski w jednym z wywiadów powiedział, że nie miał żadnego wsparcia, o co podobno żony Kuby i Łukasza się obraziły.

M.B.: Kiedy na Roberta miał większy wpływ jego menedżer Cezary Kucharski, to był zwolennikiem zaprzyjaźnienia się bardziej z obcokrajowcami niż z rodakami. Kucharski mu tłumaczył, że powinien się uczyć języka, trzymać się z Niemcami, ponieważ dalej zajdzie, szybciej się zaaklimatyzuje. Kolejnym etapem konfliktu było to, że Robert i Kuba skoczyli sobie do gardeł przy okazji towarzyskiego meczu z Koreą. Praktycznie się pobili w szatni. Czego na boisku w ogóle nie było widać, bo jeden strzelił bramkę po asyście drugiego. Patrząc z boku, można było powiedzieć, że wszystko było jak najbardziej w porządku. Ale ci, którzy byli w szatni, doskonale wiedzą, co się wydarzyło. Trochę szkoda Kuby w tej całej sytuacji. Bo trzeba powiedzieć, że...

C.K.: ...jego jedyną winą było to, że doznał kontuzji, tak?

M.B.: Nie o to chodzi. Kuba przez cały czas, kiedy był kapitanem, był najlepszym piłkarzem reprezentacji, w żadnym meczu nie zawodził. Miał ten niefart, że trafił na tego akurat trenera i na ten czas, nie mogli się na początku zgrać. Czasami, jak pewien projekt się nie udaje, to trzeba go jakoś przedefiniować.

C.K.: To prezes PZPN był zwolennikiem mianowania Lewandowskiego kapitanem. Uważał, że w ten sposób go wzmocni.

M.B.: Boniek twierdził, że kapitanem powinien zostać najlepszy piłkarz. Poza tym powinien być to ktoś, kto idzie do przodu. Widział w Lewandowskim trochę siebie sprzed lat, widział w podejściu Roberta do Niemców dawnego „Zibiego" w stosunku do Włochów. Bo nie mówił, że ich nie lubi, nie szanuje, tylko że zna swoją wartość. Dawał jasny sygnał: jestem najlepszy, przyszedłem wszystko wygrać, dlaczego nie mogę zarabiać najwięcej w drużynie, dlaczego nie ode mnie ma się zaczynać wymienianie składu itd. Poza tym Boniek uważał, że skoro było nowe rozdanie, zaczynał się nowy rozdział z nowym trenerem, to Adam powinien szybko zmienić kapitana. Chociaż podczas pierwszych konferencji prasowych Nawałka mówił stanowczo, że takiej zmiany nie będzie.

Przekazanie opaski kapitańskiej innemu piłkarzowi to ciekawa sytuacja także pod względem czysto sportowym. Mam wrażenie, że pod przywództwem Lewandowskiego właściwie w każdym meczu wszyscy grają lepiej o 30–40 procent. Z kolei strata opaski spowodowała, że Kuba znów musiał znaleźć w sobie motywację, bo w pewnym momencie wydawało się, że już go w tej kadrze nie będzie. Był do odpalenia. Trochę problemów w klubie, kontuzja, spadek formy, zaczęli się także pojawiać inni zawodnicy gotowi do grania. Ale podczas meczu z Serbią w marcu 2016 roku Kuba był najlepszy, strzelił zwycięskiego gola. Na Euro we Francji też był najlepszy.

C.K.: Dobrze wyszło, bo jeden zapalił się do gry, a drugi jakby dostał lejce. W „Cafe Futbol" Robert powiedział wtedy, że poczuł się tak, jakby wstąpiła w niego nowa siła. Jak się wyraził, poczuł niezwykłą odpowiedzialność za kadrę, za to, że to jego drużyna. Być może jedną z największych zasług Nawałki jest obudzenie Lewandowskiego dla kadry. Pamiętam, kiedy Robert po strzelonym golu dla reprezentacji uciszał publiczność, bo tak na niego gwizdano. To było w Gdańsku, podczas meczu z Danią za kadencji Fornalika. Dziś to sytuacja nie do pomyślenia.

M.B.: Przed przyjściem Nawałki Lewandowski rozegrał w kadrze 58 meczów i zdobył 18 bramek. A teraz?

C.K.: Jednak na ile to wpływ Nawałki, a na ile efekt tego, że „Lewy" stał się lepszym piłkarzem? Można zadać pytanie, czy gdyby za Smudy lub Fornalika Lewandowski był w tej formie, co obecnie, to czy tamtych trenerów nie nosilibyśmy na rękach?

M.B.: Zgadzam się. Napastnik jest najlepszy między 27. a 33. rokiem życia. Za Smudy Lewandowski miał 22 lata. Przypominam sytuację z naszego ostatniego meczu na Euro 2012, z Czechami we Wrocławiu. Lewandowski miał sytuację sam na sam z bramkarzem i jej nie wykorzystał. Dziś oczywiście byłby to pewny gol. Gdyby wtedy był w takiej formie, wyszlibyśmy z grupy, Smuda zostałby na stanowisku. Jeden moment, jeden strzał i już jesteśmy zupełnie gdzie indziej. Taka jest piłka.

C.K.: Publicznie postawiłeś tezę, że ten mundial może otworzyć Nawałce drogę do pracy w jakimś solidnym europejskim klubie.

M.B.: Czekam, aż wreszcie polski trener zaistnieje tak naprawdę na arenie międzynarodowej. Bo od czasów Henryka Kasperczaka we francuskich klimatach, a wcześniej Kazimierza Górskiego i Jacka Gmocha w greckich, nic nie znaczymy. Kasperczak zresztą jest traktowany jak Francuz. Francja go wychowała, Francja dała mu papiery trenerskie, we Francji zaczynał.

C.K.: Żal trochę Kasperczaka, że nie dostał szansy poprowadzenia kadry, mając taki przebieg kariery. Przecież takie „prawdziwki" bywały selekcjonerami reprezentacji Polski przez ostatnie dwadzieścia, trzydzieści lat...

M.B.: Kiedy Kasperczak był na topie, Polska nie była jeszcze organizacyjnie gotowa na takiego trenera. A kiedy zaczęła być gotowa, to on już, moim zdaniem, był troszeczkę u schyłku kariery trenerskiej.

C.K.: „Henry" mówił, że został brutalnie oszukany przy wyborze Smudy, bo już się szykował, już jechał do Warszawy, by podpisywać kontrakt,

Grzegorz Lato mu to obiecał. A później się okazało, że naród jednak preferuje Smudę, więc tej najprawdopodobniej ostatniej szansy w karierze nie dostał.

M.B.: W każdej innej branży masz Polaków rozsianych po różnych stanowiskach i szczeblach w całej Europie. A wśród trenerów susza.

C.K.: Może to największy problem polskiej piłki – nie mamy dobrych trenerów.

M.B.: Albo trenerzy nie mają mocnych agentów. Nie wierzę, że dzisiaj młodzi polscy trenerzy są słabsi od tych na przykład z Anglii. Tam mają lepszych piłkarzy, inne budżety, warunki do pracy, lepszych agentów. Gdyby Nawałce się udało przynajmniej wyjść z grupy w drugim wielkim turnieju z rzędu, to solidne europejskie kluby na pewno zaproponują mu kontrakty do podpisania. Pytanie tylko, czy on będzie chciał wrócić do pracy w klubie? Czy nie spodobała mu się już za bardzo praca w reprezentacji? To coś zupełnie innego niż robota w klubie. Prowadzenie kadry to intensywne zajęcia kilka razy w roku, przez cały tydzień. Plus zgrupowania przed turniejem. Czy zatem Nawałka chciałby wrócić do codzienności klubowej? Czy wyjechałby za granicę? Wszystko jest tam inne: obcy język, inni asystenci, inna szatnia. Masz zawodników z dziesięciu krajów, a każdy ma swoje ambicje. Ty musisz to pogodzić i jeszcze szybciutko wykręcić wyniki, bo nikt nie będzie na nie czekał latami.

Pojedzie do Niemiec czy Francji, zaraz pojawi się presja, różni agenci, którzy kręcą swoje lody. Za granicą nie będzie w stanie przeciągnąć mediów na swoją stronę, tak jak w Polsce. Nie będzie żadnej taryfy ulgowej, bo oto przyjechał trener z Polski, który dwa razy ze swoją reprezentacją wyszedł z grupy podczas Euro i mundialu. Nie będzie wyników przez siedem kolejek, to auf Wiedersehen, bye albo ciao, jak pewnie woli Adam, bo jest zakochany we włoskim futbolu. Może więc zdarzyć się tak, że jeśli w Rosji wyjdzie z grupy, to nadal będzie chciał zostać w kadrze za mniejsze pieniądze, niż zarobiłby w zagranicznym klubie. Ale za to będzie się ścigał z tymi, którzy jako selekcjonerzy mają więcej meczów w kadrze.

C.K.: Ile Nawałka zarabia?

M.B.: 270 tysięcy euro rocznie, dostał też 4 miliony złotych premii za awans na mundial. Na przeciętnych Polakach te kwoty robią wrażenie, ale w klasyfikacji zarobkowej 32 trenerów, którzy poprowadzą reprezentacje na mistrzostwach świata, Nawałka zajmuje przedostatnie miejsce. Mniej zarabia tylko opiekun naszego grupowego rywala, Aliou Cissé z Senegalu – 200 tysięcy euro rocznie. Ale on skasował mnóstwo pieniędzy podczas kariery zawodniczej, grając w takich klubach, jak PSG i Birmingham. Najwięcej zarabia Niemiec Joachim Löw – 3,85 miliona euro, na następnych miejscach plasują się Brazylijczyk Tite z 3,5 miliona euro, Francuz Didier Deschamps i Hiszpan Julen Lopetegui dostają po 3 miliony euro, a Rosjanin Stanisław Czerczesow oficjalnie ma 2,6 miliona euro. Ile dostaje w reklamówkach, o których urząd skarbowy w Moskwie na pewno nie wie, trudno oszacować.

Po mistrzostwach Europy, podczas rozmów o nowym kontrakcie, doszło do potężnej rozbieżności między ofertą PZPN a oczekiwaniami Nawałki. Boniek zaproponował podwyżkę trenerowi i członkom jego sztabu, umówił się z Adamem na spotkanie, a trener przyszedł z zupełnie innymi, dużo wyższymi żądaniami. I zderzył się z rzeczywistością. Prezes powiedział, na ile stać związek i dał Nawałce 24 godziny do namysłu. Sytuacja była napięta. Zainteresowany pracą u nas był Gianni De Biasi, który wykonał świetną robotę w Albanii i po raz pierwszy w historii wprowadził tę drużynę na mistrzostwa Europy. Odbyły się już z nim wstępne rozmowy, to był tajny plan B. Gdyby z Adamem się nie dogadano, nowym trenerem reprezentacji Polski byłby Włoch. Jednak następnego dnia Nawałka zgodził się na warunki, które PZPN zaproponował jemu i jego asystentom. Kontrakt był skonstruowany tak, że obowiązywał do końca eliminacji mistrzostw świata, a awans automatycznie przedłużał umowę o turniej w Rosji. Czyli kontrakt obowiązuje do końca mistrzostw. Może się zatem zdarzyć tak, że jeśli Polacy nie wyjdą z grupy, to czerwiec będzie ostatnim miesiącem Nawałki w kadrze.

C.K.: Boniek nie popełni tego błędu, który zrobił kiedyś Michał Listkiewicz. Na fali entuzjazmu po awansie na Euro przedłużył Leo Beenhakkerowi umowę jeszcze przed mistrzostwami w Austrii i Szwajcarii. Jak się okazało, były to już tylko dożynki. Następca Listkiewicza, Grzegorz Lato, zachodził w głowę, jak wywalić Holendra. Dopiero kiedy Beenhakker popsuł już wszystko w eliminacjach mundialu w RPA, to go zwolnił. Zrobił to przed autokarem, na parkingu pod stadionem...

M.B.: Boniek przez pierwszy rok swojej prezesury w PZPN musiał respektować albo rozwiązywać wiele kosztownych umów, które były zawarte w ostatniej chwili przez odchodzące władze związku.

Adam jest zamożnym facetem. Nigdy nie mówi o swoich inwestycjach, a ma przecież nieruchomości w Krakowie i Zakopanem. O jego działalności komercyjnej wiemy tyle, ile zobaczymy w telewizji. Jeśli występuje w reklamie sieci komórkowej, to mniej więcej zdajemy sobie sprawę, ile mógł za to wziąć, bo stawki nie są wielką tajemnicą. Natomiast ile ma mieszkań, domów, pensjonatów – tego nikt z nas nie wie.

C.K.: Specjaliści od marketingu twierdzą, że Nawałka ma ogromny potencjał, którego nie wykorzystuje w należyty sposób. Mówiąc krótko, mógłby zarabiać dużo więcej, sprzedając swój wizerunek. Historia naszych awansów do finałów wielkich imprez pokazuje, że w ostatnich latach trenerzy potrafili być większymi gwiazdami niż sami zawodnicy. Najlepszy przykład to Beenhakker. Przecież hasło reklamowe jednego z banków „Leo, why? For money" tak się wbiło w świadomość Polaków, że funkcjonowało jeszcze długo po wyjeździe Holendra z Polski. Jerzy Engel też potrafił się świetnie sprzedać. Nawet naturszczyk Franek Smuda fantastycznie wypadł w reklamie dyskontu spożywczego. Zresztą o mało nie przerwał wtedy nagrania. Xawery Żuławski, który był reżyserem tej reklamy, opowiadał, że po dwudziestym dublu „Franz" zrobił się czerwony ze złości. „Stonka, biedronka, a wypierdalać mi stąd!!!" – wrzeszczał poirytowany, wymawiając w swój charakterystyczny sposób literkę „r" i rzucając scenariuszem, którego nie był w stanie opanować.

Tylko Paweł Janas stronił od dorabiania w reklamach, wolał zaszywać się w lesie na polowaniach i degustować swoją ulubioną „rudą na myszach". Jednak kiedy tuż przed mundialem w Niemczech w 2006 roku Axel Springer zaimponował mu propozycją finansową, to się zdecydował na reklamę tytułu, z którym był śmiertelnie pokłócony. Czyli „Dziennika", w którym pracowaliśmy. Po skasowaniu honorarium, podczas turnieju, wciąż się do nas nie odzywał.

Eksperci dziwią się, że Nawałka nie skonsumował komercyjnie tej wielkiej wiktorii nad Niemcami. Ilu Polakom w historii udało się pobić potomków Ulricha von Jungingena? Gol Sebastiana

Mili na 2:0, kiedy było już pewne, że pierwszy raz w historii pokonamy Niemców, i później ten szalony, triumfalny sprint chłopaka o twarzy cherubinka w kierunku trybuny, ze staropolskim okrzykiem radości „K...!!!".

M.B.: Komentowałem to, nie mogłem opanować wzruszenia, poważnie...

C.K.: Ta chwila na zawsze będzie jednym z najpiękniejszych momentów w dziejach polskiej piłki. Stanie się symbolem, tak jak przez dziesiątki lat była nim bramka Jana Domarskiego na Wembley z wielką wówczas Anglią, która zapewniła nam awans na mundial w 1974 roku. Wtedy to wszystko zdarzyło się dzięki wielkiemu Kazimierzowi Górskiemu, teraz dzieje się dzięki Adamowi Nawałce.

M.B.: Tyle że to jeszcze nie podsumowanie. Nawałka, podobnie jak marketingowo, także sportowo nie jest jeszcze wyeksploatowany...

Rozdział III
Chłopak, który sięgnął gwiazd

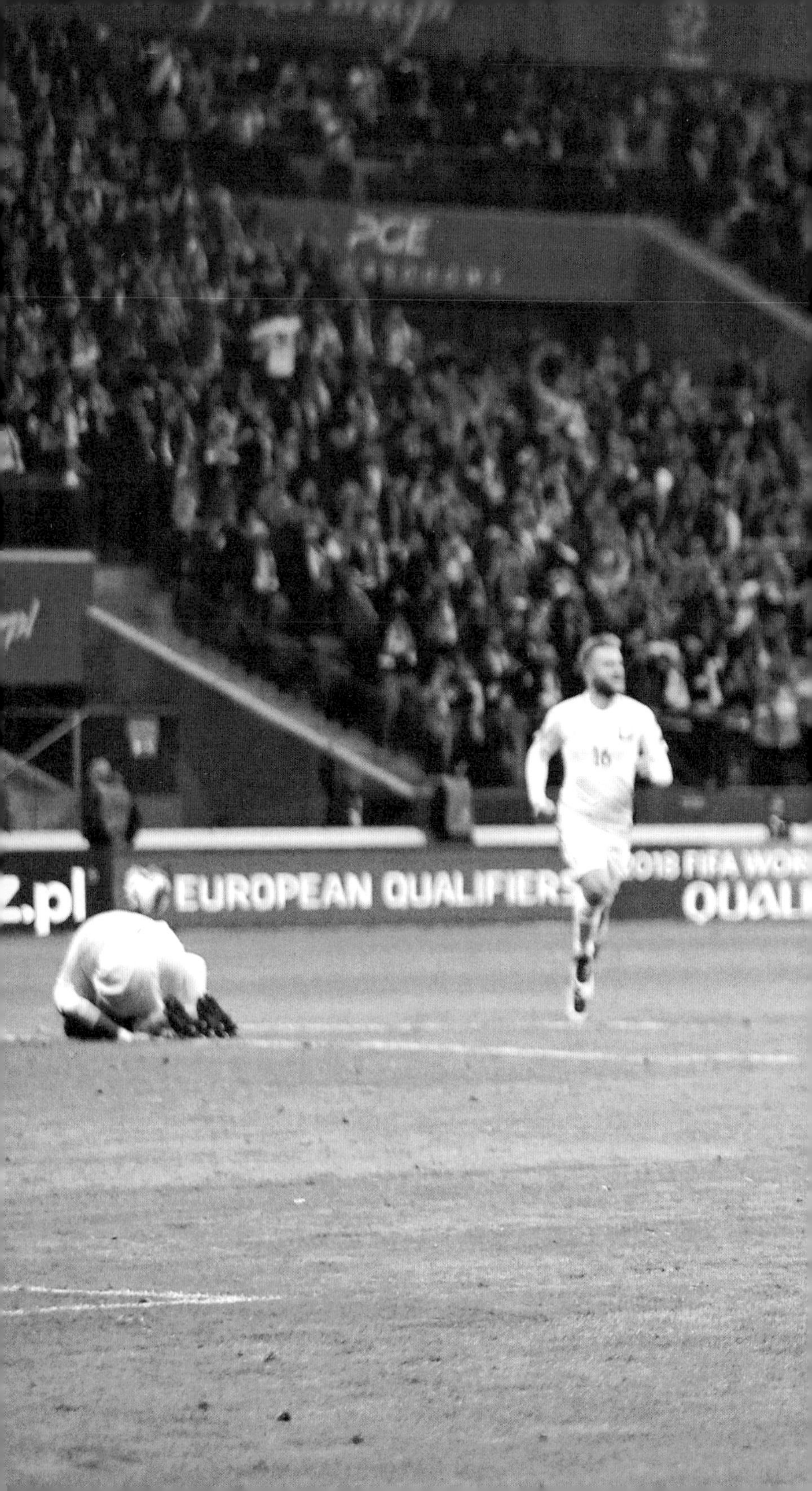
EUROPEAN QUALIFIERS

*Robert Lewandowski – gwiazda
światowego formatu. Dla Nawałki
po prostu kapitan.*

Mateusz Borek: Robert Lewandowski zawsze trzymał się z kolegami z warszawskiego ogólniaka. Z tymi, z którymi chodził do klasy, ale nie tylko. Nawet teraz, gdy jest wielką gwiazdą, trzy, cztery razy w roku spotykają się w jego mieszkaniu. Wśród nich Diana, która tańczyła razem z Robertem na studniówce. Dziś partnerka życiowa Jerzego Kopca, znanego menedżera piłkarskiego, który od lat współpracuje z jednym z największych agentów na świecie, Pinim Zahavim. Wszyscy wiedzą, co Kopiec robi, i kiedyś jeden z bliskich przyjaciół Roberta, Tomasz Zawiślak, zapytał, czy Jurek widzi możliwość... Chodziło oczywiście o wymarzony przez Roberta Real Madryt, chociaż nazwa klubu nie padła. To był czerwiec 2017 roku. Jurek zaczął się zajmować sprawą, badał możliwości. Zahavi był o wszystkim poinformowany, ale przez pierwsze miesiące stał z boku.

Do pierwszego spotkania Lewandowskiego z izraelskim agentem doszło w Monachium zimą 2018 roku, kiedy było pewne, że Robert kończy współpracę z Czarkiem Kucharskim, jak już ostatecznie dojrzał do tego, że chce odejść z Monachium, i rozstał się z całą ekipą, która wcześniej prowadziła jego interesy. Lewandowski wtedy powiedział Kopcowi i Zawiślakowi: „Jedźcie do Piniego i sprawdźcie, jakie są możliwości". Polecieli do Londynu i rozpoczęły się intensywne działania. Hiszpańskie gazety informowały, że prezydent klubu Florentino Pérez oddelegował specjalną grupę do przeprowadzenia tej skomplikowanej transakcji. Spotkali się w Madrycie. W rozmowach uczestniczył także menedżer między innymi Cristiano Ronaldo, Jorge Mendes, z którym Real od lat współpracuje.

Machina ruszyła. Rozpoczęła się wojna medialna, coraz to nowe wiadomości wypływały w niemieckich gazetach inspirowanych przez Bayern, że za żadne skarby bawarski klub nie puści Polaka do Hiszpanii. „Za każdym razem, kiedy pojawia się informacja o odejściu Roberta, zaglądam sobie w jego kontrakt, który z nim podpisałem, i widzę, że ważny jest jeszcze przez lata" – kpił Karl-Heinz Rummenigge.

Pod koniec marca 2018 agenci Lewandowskiego oceniali szansę na jego przejście z Bayernu do Madrytu na więcej niż dziewięćdziesiąt procent. Podczas spotkania w Madrycie padła kwota 180 milionów euro. To jednak nie kwota transferu, ale cały budżet, jaki Real przeznaczył na tę operację. Ze wszystkimi kosztami menedżerskimi, prowizją, pieniędzmi za podpis kontraktu.

CEZARY KOWALSKI: Straszne pieniądze, ale Chelsea Londyn i Paris Saint-Germain oferowały więcej. Robert w pierwszych miesiącach współpracy z nowym menedżerskim stafem nie chciał słyszeć o angielskim czy francuskim kierunku. Później już tak stanowczo się nie wyrażał. Można było odnieść wrażenie, że bardziej niż na wysokości kontraktu zależało mu na tym, aby się wyrwać ze swojego obecnego miejsca zatrudnienia. I to nie jest wniosek na podstawie wyrazistych deklaracji zawodnika, ale przekonywał o tym jego język ciała. Po prostu zaczęło się wyczuwać, że „Lewy" ma już dość Niemiec. Nie samego Bayernu, ale po prostu Niemiec. Widać po jego minach, jak strzela kolejne gole albo robi to któryś z jego kolegów. Już nie ma tego entuzjazmu sprzed kilku lat. Cały czas jest świetny, ale coś się wypaliło.

M.B.: Istnieje oczywiście ogromna pokusa wyprzedzenia Peruwiańczyka Claudia Pizarra, który jest najskuteczniejszym strzelcem obcokrajowcem w historii Bundesligi, a Robert zajmuje w tym momencie drugie miejsce. Ale czy to jest aż tak ważne? Te rekordy, liczby?

C.K.: Pierwszy menedżer Roberta, Czarek Kucharski, zdradził kiedyś, jaka była jego główna rada, którą przekazał mu po przejęciu jego interesów jeszcze w czasach gry Roberta w Zniczu Pruszków. „Patrz na to, co robią najstarsi ligowcy, i rób dokładnie odwrotnie".

M.B.: Czarek przez wiele lat wykonywał doskonałą robotę. Polska jest jednak takim krajem, gdzie wszystko jest białe albo czarne. Albo ktoś jest bogiem, albo, jak mówił Leo Beenhakker, kawałkiem gówna. A to chyba nie tak. Myślę, że to, że Robert spotkał na swojej życiowej drodze akurat takiego agenta, zaufał mu, pomogło mu uniknąć wielu fałszywych kroków i wielu historii, które samego Kucharskiego doświadczały jako piłkarza. Czarek wielu rzeczy mu oszczędził, właściwie diagnozując skalę jego talentu. Ale też sam Robert już w bardzo młodym wieku miał świadomość wykonywanego zawodu. Wiedział, czego ten zawód wymaga od piłkarza, jak go powinien wykonywać, jak powinien żyć, co powinien jeść, jak powinien trenować, ile musi dawać z siebie.

C.K.: Roberta można znać lepiej, gorzej, lubić go bardzo albo trochę mniej. Natomiast chyba żaden dziennikarz współpracujący z nim nie powie, że nie jest profesjonalny. Bo czy on wygra 4:0 i strzeli trzy gole, czy przegrywa 1:3, to zachowuje się w podobny sposób – zawsze ma parę minut dla reporterów, żeby po każdym meczu pogadać, wyjaśnić pewne sprawy. Mało tego, z wiekiem wydaje coraz bardziej kategoryczne sądy, nie stara się być na siłę dyplomatą. Pamiętam, jak w rozmowie ze mną przed kamerą Polsatu wypalił, że młodzi zawodnicy z pierwszej reprezentacji nie powinni już być delegowani do młodzieżówki, która szykowała się na Euro U-21 w Polsce. A przecież wiadomo było, że to oczko w głowie PZPN i w ogóle sportowej Polski w tamtym czasie. Bo przecież wszyscy chcieliśmy jakiegoś sukcesu u siebie. Tymczasem kapitan pierwszej drużyny stwierdził jasno, że powołanie do ekipy Marcina Dorny dla Arkadiusza Milika, Piotra Zielińskiego czy Karola Linettego jest bez sensu. To nie było ze strony Roberta zagranie poprawne politycznie. Kilka znaczących postaci w piłce było po tym występie wściekłych. Ale to świadczy o rosnącej świadomości Roberta. On doskonale zdaje sobie sprawę, że jego słowa zaczęły konkretnie ważyć.

M.B.: Wrócę do Kucharskiego. Niezależnie od różnych perturbacji przy pierwszym poważnym transferze Lewandowskiego z Lecha Poznań do Borussii Dortmund, trzeba obiektywnie powiedzieć, że Kucharski zrobił dla niego bardzo dużo dobrego. Właściwie zdefiniował jego możliwości czysto piłkarskie. Wybrał dla niego odpowiednią ścieżkę rozwoju, właściwy klub, w którym nie będzie tracił czasu. Bo to nie jest tak, że z klucza trzeba postawić na klub, który jest wyżej w tabeli albo lepiej płaci. Jak pojawiły się oferty z Bundesligi, „Kucharz" wiedział, kto tam trenuje, jak ta drużyna gra w piłkę, z kim Robert będzie musiał rywalizować i jakie ma szanse w perspektywie czasowej. Doskonale pamiętam Roberta w pierwszych meczach w Bundeslidze, bo dwadzieścia kilka lat komentuję tę ligę.

C.K.: Jak Lewandowski pojawił się w Dortmundzie, gwiazdą ataku był urodzony w Argentynie reprezentant Paragwaju Lucas Barrios. To była niekwestionowana gwiazda i naprawdę nic nie wskazywało, że młody Polak może go wygryźć ze składu. Pamiętam, jak w wywiadach, które dość często przeprowadzałem z Robertem dla „Polska The Times", żalił się w tamtym czasie, że nie jest traktowany na równi. Zdradził, że z Barriosem wszyscy obchodzą się jak z jajkiem, ma swoich tłumaczy, a od niego jako od Polaka wymagano natychmiastowej znajomości języka niemieckiego.

M.B.: Robert czasami grał w pierwszym składzie tego drugiego, podwieszonego napastnika, czasami wchodził z ławki. Pamiętam pudło, kiedy nie trafił z kilku metrów. „Lewandoofski" – taki Niemcy dali tytuł w „Bildzie", wyśmiewając go najbrutalniej jak można.

Na początku Robert strasznie narzekał, że on nie jest jakimś gościem, który będzie się cofał po piłkę, będzie dogrywał. A Czarek go tonował. Tłumaczył, że się rozwija, że spokojnie, że na wszystko przyjdzie czas, że na pozycji dziewięć, czyli najbardziej wysuniętego napastnika, i tak będzie grać. Przekonywał, że to jest inna piłka, bardziej elastyczna, musi nauczyć się innego grania. Okazało się, że Robert pracując u kilku trenerów naprawdę topowych, takich jak Jürgen Klopp, Carlo Ancelotti, Pep Guardiola czy Jupp Heynckes, w błyskawicznym tempie niesamowicie podniósł swoje umiejętności. I dzisiaj jest zawodnikiem kompletnym. Nawet rzuty wolne, do których wcześniej w ogóle przecież nie podchodził, nauczył się wykonywać perfekcyjnie.

C.K.: Już w Dortmundzie Robert został gwiazdą pierwszej wielkości. O Barriosie, który musiał szukać szczęścia gdzie indziej, wszyscy szybko zapomnieli. Ale postanowił sięgnąć gwiazd, nie ruszając się z Niemiec. Jedynym możliwym krokiem do przodu w tym kraju były przenosiny do Bayernu. Ten transfer to była prawdziwa saga ze zwrotami akcji niczym w brazylijskiej telenoweli.

M.B.: Cała historia z dograniem do końca kontraktu była niesamowita i niestandardowa. Kucharski ze swoim wspólnikiem Maikiem Barthelem załatwili to kapitalnie. Dortmund wiedział, że za moment straci swojego asa, bo kończył mu się kontrakt i ten nie chciał go przedłużyć. Było wiadomo, że po sezonie odejdzie za darmo. Żeby go zmotywować finansowo, menedżerowie powalczyli o to, aby Robert w ostatnim sezonie dostał gigantyczną podwyżkę. I zarabiał najlepiej w drużynie. Rzadko się zdarza, żeby zawodnikowi, któremu kończy się kontrakt, dawało się podwyżkę jeszcze na ostatni rok, wiedząc, że odejdzie za darmo. I to do największej konkurencji. Przyznajmy, to był majstersztyk. My dzisiaj nie wiemy, czy Robert na mocy jakiejś innej umowy dostawał wcześniej pieniądze z Bayernu Monachium. Tak spekulowano w Niemczech. Natomiast fakty są takie, że na kilka miesięcy przed końcem ostatniego sezonu w Dortmundzie, gdzie grał fantastycznie, przyszła oficjalna oferta dla Roberta z Realu Madryt i Robert mógł iść do Realu.

Czarek Kucharski do końca w tej całej zabawie z Robertem zachowywał zasady. Teoretycznie mogło być mu wszystko jedno, z jakiego źródła skasuje prowizję. Może by nawet wziął większą od Hiszpanów. Uparł się jednak na ten Bayern, bo komuś podał rękę i dał słowo. Nie chciał też psuć sobie rynku niemieckiego. Wiadomo, że jak ktoś podaje rękę takim gościom, jak Uli Hoeness albo Karl-Heinz Rummenigge w Bayernie, i mówi się im, że jego zawodnik będzie grał u nich, to nie jest łatwo się później wycofać.

C.K.: Wierzysz w tę historię z szatni po słynnym meczu Borussii z Realem, w którym Robert strzelił trzy gole? Prezydent Królewskich Florentino Pérez po spektaklu, jaki dał wtedy Robert, miał osobiście zajść mu drogę i powiedzieć, że chce go mieć u siebie za każde pieniądze. I to natychmiast.

M.B.: Tak głosi legenda, a ja wiem na pewno, że Lewandowski dostał wtedy propozycję z Realu Madryt za większe pieniądze niż te, na które się dogadał z Bayernem.

C.K.: Właśnie. I Robert chciał się jednak wycofać z nieformalnej umowy z Bayernem. Miał skłaniać swój management do tego, aby mu utorował drogę do Madrytu. Już wtedy miało dojść do pierwszych poważnych zgrzytów na linii: zawodnik – menedżer.

M.B.: Gdyby się wtedy wycofali z monachijskiej umowy wstępnej, na Lewandowskim by się pewnie mniej odbiło. Ale myślę, że Czarkowi Kucharskiemu ciężko by było zrobić jakiś biznes w Niemczech. Już nie mówię o samym Bayernie. Byłyby telefony, bo od Bayernu wiele klubów jest uzależnionych, bo to Bayern klubom dostarcza gotówkę, biorąc od nich najlepszych piłkarzy. Dlatego agent Roberta do końca go przekonywał, aby podpisał kontrakt z Bayernem. I na końcu dostali lepsze pieniądze niż te, które były ustalone. Prawie takie, jakie proponował Real.

C.K.: Zasady w niemieckiej piłce oczywiście obowiązują, ale skądinąd wiemy, że podczas negocjacji o podwyżce pensji w Dortmundzie maski tych eleganckich ludzi ze świata piłki spadły. Niemcy zaczęli używać wulgarnych słów, wyzywać od chciwych Polaków. Niemieckie media, nakręcane oczywiście przez działaczy pisały właśnie w tym tonie, że jest to wręcz chciwość, polska chciwość... Jednak „Lewy" i spółka przełamali schemat, że Polakowi się nie płaci zbyt wiele albo płaci się, powiedzmy, do trzech milionów euro...

M.B.: Bo to chyba jest też tak, że Polska nigdy nie miała aż tak dobrego piłkarza w Niemczech. Chociaż dobrych tak. Nie mówię już o latach osiemdziesiątych – Andrzej Buncol, Marek Leśniak, Roman Wójcicki, Stefan Majewski i inni. Potem mieliśmy Jasia Furtoka w HSV, który był wicekrólem strzelców w Bundeslidze i cenionym zawodnikiem. Potem mieliśmy moment, kiedy w Bundeslidze było szesnastu Polaków. Tomek Hajto z Tomkiem Wałdochem to był „blauen beton", czyli ten niebieski beton w obronie i wicemistrzostwo Niemiec, Puchary Niemiec, gra w Champions League. To byli solidni, bardzo dobrzy obrońcy, ale daleko im było do zarobków i entourage gwiazd ligi niemieckiej. I gwiazd Bayernu. Mieliśmy Piotrka Nowaka, on mógł błysnąć w kilkunastu meczach, pić kawę ze słynnym trenerem Wernerem Lorantem, ruszyć w miasto, grać na gitarze, saksofonie, jeździć ferrari, ale nadal to nie był najwyższy top Bundesligi. Mieliśmy fantastycznego Mirka Okońskiego, który stawiał stadion w Hamburgu na równe nogi, wszyscy gotowali mu owację po kolejnych kapitalnych dryblingach. U nas tego nikt nie widział, bo żadna telewizja nie transmitowała w tamtym czasie tych meczów. Ale jak popatrzysz na statystyki, to Robert strzelił tyle bramek w ciągu trzech miesięcy, ile Okoński przez całą karierę w Niemczech. Byli jeszcze Andrzej Juskowiak, który w tamtym czasie wbił 56 goli, Artur Wichniarek 50. I nagle się pojawia młodsze pokolenie – Kuba Błaszczykowski pracuje na swoją markę bardzo dobrego piłkarza w Bundeslidze, Łukasz Piszczek zaczyna bardzo młodo od Herthy Berlin. Potem wypożyczenie do Lubina, powrót, zmiana pozycji, i od paru lat ma status gwiazdy Bundesligi na prawej stronie obrony. To na pewno jeden z najciekawszych piłkarzy na prawej obronie na świecie. Natomiast „Lewy" to jest kosmos, moim zdaniem numer jeden w Niemczech. Takiego Polaka na pewno jeszcze tam nie było.

C.K.: Ale czy nie jest tak, że właśnie przełamanie bariery finansowej – teraz zarabia już około 20 milionów euro za sezon – spowodowało, że wdarł się na top Bundesligi? Bo może gdyby został na wcześniejszym pułapie zarobków – nie byłoby tego wielkiego Lewandowskiego? Wjechał finansowo do elity, ponieważ ktoś tam w pewnym momencie bardzo mocno się postawił. Zażyczył sobie takich zarobków, których zawodnikom z tej części Europy się nie płaciło. Niemal ustawowo. Jakiś niemiecki dziennikarz napisał nawet przy okazji konfliktu z Lucasem Barriosem w początkowym okresie pobytu Roberta w Dortmundzie, że gdyby Polak nie był Polakiem, ale pochodził z jakiegoś kraju Ameryki Południowej, to z miejsca byłby wart więcej.

M.B.: Myślę, że menedżerowie Roberta zgodziliby się na mniej, ale Lewandowski od samego początku sam sobie założył, że będzie najlepiej zarabiającym piłkarzem w Dortmundzie i będzie najlepszym piłkarzem Dortmundu. Niektórzy się pukali w głowę. Ale zrobił to? Zrobił! Jak szedł do Bayernu i też powtarzał, że będzie najlepszym i najlepiej zarabiającym piłkarzem Bayernu Monachium, mówiono: zwariował! Przecież tam były takie gwiazdy, jak Arjen Robben, Thomas Müller, Manuel Neuer, Xabi Alonso, Thiago Alcantara i paru innych, Mats

Hummels, Jérôme Boateng, Philipp Lahm wtedy jeszcze. Gdzie do nich Lewandowski? I co się okazało? Tak jak powiedział, tak zrobił.

Moim zdaniem, gdy podpisywał nowy kontrakt w Bayernie Monachium, Bayern nie podał prawdziwych danych. Przedstawiciele klubu poinformowali, że Robert zarabia na poziomie najlepszych, czyli chyba Müllera, Neuera i Lahma. Ale Lewandowski na pewno zarabia więcej. Według moich informacji, trzy, cztery miliony euro więcej od najlepszych Niemców. Nie ujawnili tego, żeby nie drażnić gwiazd i nie przyznać, że wielki Bayern dał się złamać Polakom. Jednocześnie to ścieżka, która została przetarta przez Roberta dla innych. Już nikt nie będzie twierdził, że istnieje jakaś bariera płacowa dla zawodników z Polski.

C.K.: Bayern to wielki klub i ma przez lata wypracowane schematy działania, ale też zręcznie prowadzi swoje gierki. Nie zawsze postępuje transparentnie. Działacze uciekali się do różnych forteli, aby Lewandowskiego zatrudnić. I robili wiele, aby jakoś wypłoszyć swojego dotychczasowego napastnika Maria Mandžukicia, który miał ważny kontrakt i świetnie zarabiał. Wtajemniczeni twierdzili, że klub robił wszystko, aby Chorwat nie zdobył korony króla strzelców. Poprzednik Roberta przyznał, że szczerze nienawidzi Bawarczyków za krzywdę, którą mu wyrządzono przed czterema laty w Monachium. Nazwał nawet ówczesnego trenera Bayernu Pepa Guardiolę tchórzem, który nie potrafi rozmawiać szczerze na trudne tematy i nie szanuje zawodników, którzy nie pasują do jego koncepcji.

Cofnijmy się o kilka lat. Działacze Bayernu, chcąc na dobre zdetronizować Borussię Dortmund, zaczęli po prostu wykupywać jej najlepszych zawodników. Była to ewidentnie gra na rozbicie przeciwnika, osłabienie jego morale. Szykowano także grunt pod nowego napastnika, czyli Roberta Lewandowskiego. Teza, że Bayernowi nie zależało na tym, aby jego napastnik Mario Mandžukić zdobył tytuł króla strzelców, a uczynił to grający wówczas w Borussii Robert Lewandowski, jest bardzo prawdopodobna. Popatrzmy bowiem na fakty. Zakładając, że po tytuł sięga jednak Chorwat, to ciężko byłoby przekonać opinię publiczną do sensowności wymiany jego na wicekróla, jakim byłby z pewnością Polak. A przecież transakcja „Lewego" została praktycznie zapięta na ostatni guzik wiele miesięcy przed fizycznym pojawieniem się reprezentanta Polski w Monachium. Sekwencja zdarzeń jest taka, że im bliżej końca poprzedniego sezonu, tym bardziej nasilała się eskalacja konfliktu snajpera Bayernu z trenerem. Przed finałem Pucharu Niemiec Chorwat usłyszał, że w następnym sezonie nie będzie już nosił koszulki z numerem dziewiątym, co dla każdego napastnika, nawet w trzeciej lidze, jest informacją niczym uderzenie w twarz. Zastanawiające, dlaczego Bayern nie zrobił tego po zakończeniu sezonu? Czy przypadkiem nie chodziło o to, aby sprowokować krewkiego Chorwata do jakiegoś nerwowego ruchu, a później „przykładnie ukarać"? W meczu o Superpuchar

Mandžukić został wystawiony na kompletnie nie-pasującej do niego pozycji skrzydłowego. Guardio-la, widząc, że ten się na niej miota, zdjął go z bo-iska. Mandžukić nie podał ręki trenerowi. Krnąbrny gracz z Bałkanów był wściekły i coraz mocniej to de-monstrował. Po przegranym meczu z Realem w Li-dze Mistrzów, Mandžukić uśmiechał się pod nosem podczas płomiennego przemówienia trenera, który całą winę wziął na siebie, a reszta zawodników mia-ła łzy w oczach. Za karę cały mecz w przedostatniej kolejce z HSV przesiedział na ławce rezerwowych, a w ostatniej z VfB Stuttgart, kiedy miał jeszcze szan-sę na koronę króla strzelców, Guardiola zdjął go już w 64. minucie. Tytuł wywalczył z przewagą dwóch goli Robert Lewandowski.

Chorwatowi nie pomógł ani znakomity do-robek bramkowy (18 goli w lidze), ani fakt, że rok wcześniej jeszcze pod wodzą Juppa Heynckesa zna-komicie przyczynił się do zdobycia przez Bawar-czyków historycznej potrójnej korony (Puchar Nie-miec, Puchar Europy i mistrzostwo kraju), ani fakt, że przez pozostałych zawodników był szanowany, a przez kibiców wręcz uwielbiany za ostry charak-ter. Musiał się pakować, aby zrobić miejsce dla Pola-ka. Szczerze mówiąc, to jest trochę przykre w całym tym piłkarskim biznesie i pokazuje, że sentymen-tów jest tu coraz mniej. Żeby nie powiedzieć – nie ma ich wcale.

M.B.: Tak, wiadomo, że tam nikt się do tego nie przyzna, ale z boku wyglądało na to, że w Bayernie zrobią wszystko, żeby zawodnik, na którego już przestali liczyć, nie zdobył korony króla strzelców. Wszystko po to, żeby w jakiś sposób uzasadnić transfer innego zawodnika. Wiadomo, że Lewandowskiemu trzeba było dać gigantycznie wysoki kontrakt i jeszcze „handgeld", czyli pieniądze za podpis. Natomiast gdyby Mandžukić miał ważną umowę, trzeba by było zapłacić następnych kilkadziesiąt milionów, aby dobrowolnie rozwiązał kontrakt. Pewnie wtedy kosztem niższej pensji Lewandowskiego. Dlatego Bawarczycy robili wszystko, aby Chorwat sam poszukał sobie klubu i zwolnił miejsce. I jeszcze sporo na tym zarobili.

Natomiast gdzieś tak w połowie 2017 roku Bayern zaczął się dla Roberta robić za ciasny. W ostatnich latach zrozumiał, że indywidualnie nie jest w stanie tu zbyt wiele wygrać. Robert publicznie bagatelizuje plebiscyt Złotej Piłki czy inne prestiżowe rankingi, ale widzi, że jest w nich coraz dalej. Że w tym klubie raczej nie da rady zagrozić ścisłej czołówce, wbić się do niej.

C.K.: Publiczne bagatelizowanie świadczy o tym, że się tym przejmuje, moim zdaniem bardzo przejmuje.

M.B.: On sam chyba zdał sobie sprawę, jak skonstruowany jest ten świat. Być może zrozumiał, że dopóki nie zmieni klimatu, nie sięgnie tego kosmosu sportowego i marketingowego. Bo dzisiaj wystarczy popatrzeć na liczby, jakie mają poszczególni piłkarze z reklam, aby przekonać się, że Robert ma jeszcze dużo do zrobienia, aby wdrapać się na sam światowy szczyt. Jest w tej kwestii bardzo daleko za Cristiano i Messim. Tak naprawdę w ogóle do nich nie ma startu. Jako piłkarza stawiamy go na tej samej półce, natomiast jeśli chodzi o sprzedaż wizerunku, to...

C.K.: Po mundialu w Rosji Robert skończy trzydzieści lat i coraz bardziej zasadne staje się pytanie, czy kiedykolwiek znajdzie się choćby w pierwszej trójce jednego z dwóch najbardziej prestiżowych piłkarskich plebiscytów. Nagrody FIFA są przyznawane od 2016 roku, ponieważ FIFA zakończyła współpracę z „France Football", który prowadzi plebiscyt Złotej Piłki. W zeszłym roku po raz kolejny wygrał Ronaldo i wydaje się, że dopóki on i Leo Messi się nie zestarzeją, nikt inny nie ma co liczyć na choćby jedną z prestiżowych nagród. Tak naprawdę sprawa tych trofeów ogranicza się do nudnych rozważań, który z nich – Messi czy Ronaldo – akurat tym razem ma być pierwszy.

Lewandowski nie traci nadziei, bo jest od obu trochę młodszy. Ale choć wśród komentatorów jest od kilku lat stawiany w gronie najlepszych napastników świata, podczas rozstrzygnięć plebiscytowych jednak się nie liczy. Poza 2015 rokiem, kiedy w wyborach „France Football" zajął czwarte miejsce. Wtedy jednak oceniany był za sezon, w którym w półfinale strzelił cztery gole Realowi Madryt. To było coś spektakularnego w skali światowej i zrobiło ogromne wrażenie. Kiedy później w klasyfikacji francuskiego magazynu uplasował się dopiero na szesnastej pozycji, wybór skwitował złośliwym wpisem na Twitterze: „Le cabaret". Co, jak mówiłem, tak naprawdę było dowodem na to, jak bardzo zależy mu na indywidualnym trofeum.

Wszyscy kochamy Roberta, wciąż strzela mnóstwo goli, bez niego nie ma reprezentacji Adama Nawałki w obecnym kształcie, ale trzeba sobie powiedzieć wprost, że od tamtego czasu do marca 2018 roku na arenie międzynarodowej (a to jest przede wszystkim brane pod uwagę) nie zrobił nic zbliżonego do sławnego wyczynu. I nie chodzi tylko o to, aby powtórzył liczbę goli w jednym meczu, ale po prostu o gole w ważnych momentach, które dawałyby awans w Lidze Mistrzów. O bramki decydujące, zapadające wyjątkowo w pamięć, takie, o których wszyscy by mówili, kiedy Robert brałby po prostu sprawy w swoje ręce i przepychał Bayern do następnej rundy. Ronaldo swój show choćby w 2017 roku w Lidze Mistrzów tak naprawdę rozpoczynał właśnie na tych najważniejszych szczeblach rozgrywek, z najważniejszymi rywalami, kończąc dwoma golami w finale.

W ciągu tych sezonów z Robertem w składzie Bayern dwa razy dotarł do półfinału, a w 2017 roku w dwumeczu odpadł już w ćwierćfinale z Realem Madryt. Żeby była pełna jasność: trzeba mieć nierówno pod sufitem, aby będąc Polakiem, czepiać się „Lewego", bo takiego grajka dawno nie mieliśmy i długo jeszcze pewnie mieć nie będziemy, ale skoro widzimy go w jednym szeregu z najlepszymi, to rzetelnie porównujmy go z nimi. Poprzeczka Lewandowskiego jest zawieszona właśnie na wysokości Ronaldo i Messiego. I warto zastanowić się, dlaczego ostatnio w oczach trenerów, zawodników i dziennikarzy z całego świata plasuje się go nie w ścisłej czołówce, tylko daleko poza pierwszą dziesiątką (w 2017 roku był nr 16. w plebiscycie FIFA).

Zgodzę się z tymi, którzy twierdzą, że Bayern jest po prostu dla Roberta za słaby. I gdyby wreszcie odszedł do swojego wymarzonego Realu czy gdzieś indziej, to indywidualnie byłby bardziej doceniany, może wreszcie skutecznie zawalczyłby o wbicie się na plebiscytowe podium. Gwarancji jednak nie ma. Idąc do Realu, zająłby przecież nie miejsce CR7. Jeśli już, to Karima Benzemy, który, choć jest świetny, to w cieniu Portugalczyka w walce o indywidualne wyróżnienia kompletnie się nie liczy. Robert więcej bramek od Ronaldo strzelać nie będzie, bo on mu na to raczej nie pozwoli. W Barcelonie ta sama sprawa z Messim i Suárezem, w Paryżu z Neymarem czy Cavanim. W grę ewentualnie mogłyby wchodzić kluby angielskie, ale ostatnio w Europie nie liczą się bardziej od Bayernu.

Od momentu, kiedy Robert podpisał kontrakt, wszystko w Monachium jest podporządkowane jemu. Wynegocjował gigantyczną podwyżkę i ma komfortowe warunki, aby przynajmniej do finału Champions League pociągnąć Bawarczyków (w 2014 roku udało mu się to ze znacznie słabszą i finansowo, i sportowo Borussią). A wtedy piłkarscy mądrale z całego świata, którzy głosują w plebiscytach, będą musieli oddać więcej głosów na Polaka. W momencie oddawania książki do druku nie znamy rozstrzygnięcia. Bayern po wyeliminowaniu Beşiktaşu szykuje się na dwumecz z Sevillą.

M.B.: Robert ma bardzo sprawnie prowadzone profile w mediach społecznościowych w Polsce. Przede wszystkim konto facebookowe i instagramowe, wyprzedza w tym wszystkich polskich sportowców. A mimo to liczbę „followersów" ma na poziomie piętnastego piłkarza Realu, takiego, który nie gra w podstawowym składzie. Na tym polega siła brandu. Real zna cały świat, Barcę zna cały świat, Bayern zna wielu ludzi, ale to nie jest jednak ta półka. Istnieją po prostu jeszcze wyższe.

C.K.: Koronnym argumentem za jego pozostaniem w Bayernie Monachium było to, że tutaj jest numerem jeden. Tutaj jest gościem, na którego gra cały zespół, jest Robertem Lewandowskim, pod którego wszystko jest podporządkowane.

M.B.: Ale dzisiaj już jest tak: albo teraz, albo nigdy. Jak w boksie – gdy panuje pustka na rynku, możesz wbić się wszędzie. Jeśli jednak jest czterech supergraczy, to miejsca po prostu są pozajmowane.

Do Realu w 2006 roku przyszedł Ruud van Nistelrooy. Fenomenalny holenderski napastnik.

Miał wtedy trzydzieści lat. Wszyscy pytali, po co oni biorą takiego starucha. To był praktycznie najstarszy zawodnik. Dzisiaj to się trochę zmieniło, myślę, że optymalny wiek do grania w piłkę to jest dwadzieścia osiem – trzydzieści trzy lata. Tylko że już się później na takim zawodniku nie zarobi. Wiadomo, że za Lewandowskiego trzeba będzie zapłacić minimum 150 milionów euro. Do tego trzeba będzie mu dać większe pieniądze niż w Bayernie Monachium. Powiedzmy sobie szczerze – fakt, że pojawiła się taka możliwość, to wielka szansa, której nie powinien zaprzepaścić. Robert sobie z tego zdaje sprawę. Od dziecka jest kibicem Realu. Wie, że jeśli chce się zbliżyć albo wyprzedzić kogoś z największych, musi być gwiazdą Realu i tam strzelać bramki.

Teoretycznie dystans może nadrobić przez reprezentację. Czyli grać w Bayernie, a jednocześnie wygrać z naszą kadrą mistrzostwo Europy albo zdobyć medal na mundialu. Jednak z całym szacunkiem dla ekipy Adama Nawałki, Robert musi sobie zdawać sprawę, że łatwiej mu będzie wygrać Puchar Europy z Realem niż sięgnąć po medal na dużej imprezie z reprezentacją Polski. Bo nawet jak my idziemy do przodu, nawet jak mamy fajny moment jako reprezentacja, a on jest jej niekwestionowaną gwiazdą, to myśli sobie tak: strzeliłem 53 gole w ciągu roku, 16 czy 17 w eliminacjach, wyprzedziłem Cristiano Ronaldo, a i tak jestem dopiero ósmy w plebiscycie „France Football". Nie jest dlatego, że ktoś się uwziął na naszego Robusia, tylko że tak jest świat skonstruowany. To jest po prostu biznes. Wiadomo, że gdyby te 53 bramki „Lewego" strzelił Francuz Benzema, byłby w pierwszej trójce. Bez dwóch zdań.

Prawdopodobnie Robert też w pewnym momencie dojrzał do tego, że trzeba będzie zmienić ludzi, którzy się nim opiekują. Bo on będąc tym samym piłkarzem, ugra więcej, zarobi więcej i będzie miał inną pozycję w drużynie i w klubie, jeśli kontrakt w jego imieniu negocjuje ta, a nie inna osoba. To może nie ma nic wspólnego ze sprawiedliwością, ale futbol nie jest sprawiedliwy. Najlepszych menedżerów, którzy rządzą piłkarskim światem, jest tak naprawdę kilku.

C.K.: Każdy kit potrafią wcisnąć do klubu za grube pieniądze...

M.B.: Na pewno są to Mino Raiola, Jorge Mendes i Pini Zahavi, który czuje sympatię do Polski, do Polaków, ma polskich współpracowników, od wielu lat jest bardzo blisko związany z trenerem Avramem Grantem, który często przebywa w naszym kraju.

Przed laty miałem okazję poznać Zahaviego. Zjadłem z nim kolację w Warszawie. Rozmawialiśmy o piłce, on mówi: „Po co ty w tym dziennikarstwie działasz? Ja też byłem dziennikarzem sportowym". I opowiedział mi swoją historię, w jaki sposób wszedł na rynek menedżerów. A potem rozmawialiśmy o Lewandowskim. Robert był wtedy w Lechu Poznań. Pini tu przyjechał i ktoś go poinformował, że jest taki chłopak w Polsce, ma 21 lat i duży talent. Pytał mnie wtedy o jego charakterystykę, jak on gra, to, tamto, siamto. I Robert, który tak naprawdę szedł na ławkę do Dortmundu, już mógł trafić do Chelsea Londyn. Zahavi chciał go wziąć do tej wielkiej wtedy drużyny. Mówił, że jeśli sobie nie poradzi, to się go wypożyczy na rok czy dwa, żeby złapał oddech. Do West Ham United czy do Portsmouth, tam też mieli dobry układ kapitałowy. Ostatecznie wziął na treningi młodego Macieja Korzyma, który nie dał rady i szybko wrócił. Dziś się okazuje, że po dziesięciu latach oni znowu wracają do Roberta i z tego, co się orientuję, to odpowiedzialna za jego marketing, za jego kontrakty reklamowe ma być duża ogólnoświatowa agencja Lagardère.

C.K.: W Polsce budżet na reklamy jest ściśle określony dla sportowców. I pewnych barier nie da się po prostu przebić. Potencjał Roberta to jakieś 2,5 miliona złotych za roczny kontrakt reklamowy, Agnieszki Radwańskiej milion, a Kamila Stocha półtora miliona.

M.B.: Ale też jest ciekawe, że taki Brazylijczyk Neymar, który ma światowy brand, chętnie zrobiłby w Polsce reklamę za pieniądze porównywalne do tych, które bierze Robert albo nawet mniejsze. Na polski rynek oczywiście. Jak na przykład przyjechał Kevin Spacey zareklamować u nas bank, dostał pewnie za to kilkaset tysięcy euro i nigdy takiej reklamy za takie pieniądze nie zrobiłby w Ameryce. Tak jak Danny DeVito, Pelé, Monica Bellucci.

C.K.: Tutaj ogarniają rynek, ale niekoniecznie kasę, tak?

M.B.: Tak. Kasa oczywiście jakoś tam musi się zgadzać, natomiast oni są ciekawi świata, nowych środowisk, nowych doświadczeń, oni myślą, że może tutaj przeniesie się kiedyś wielka kasa. Pewnie niektóre polskie firmy myślą, że taki Neymar czy paru innych są nie do wzięcia na wielkie kampanie reklamowe polskiego produktu, a to nie jest tak. Są do wzięcia. Przecież choćby Andrea Pirlo czy Philipp Lahm reklamowali okna Drutex z Bytowa.

Zatrzymajmy się jeszcze chwilę przy światowych menedżerach, żeby uzmysłowić sobie, jak to działa. Zahavi mógł wsadzić Roberta do ówczesnej Chelsea, bo jest bardzo mocno zakorzeniony w tym świecie i ma swoje strefy potężnych wpływów. Pamiętamy angielską historię Piotra Świerczewskiego sprzed lat. Jego transferem zajmował się Willie McKay. Piotrek skończył trening w Marsylii, Willi do niego zadzwonił i powiedział: „Pakuj się szybko, mamy klub, jedziemy tam jutro, potrenujesz jeden raz i podpisujesz". I zawiózł Piotrka do Evertonu. Piotrek spotkał tam Tomasza Radzinskiego. Wyszedł na trening, przebierają się, obok siedzi rudy, piegowaty chłopak, lekko utyty. Piotrek pyta: „Co on tu robi z nami przed treningiem?". „Ty go nie znasz? – odparł Radzinski.

– To nadzieja piłki angielskiej". To był Wayne Ro-
oney. Piotrek potrenował tam dwa dni, przychodzi nagle Willi i mówi: „Nie, nie, nie podpisujemy".
Piotrek się zdenerwował, chciał wracać do Marsylii. Więc menedżer wynajął mu pięciogwiazdkowy
hotel, żeby chodził sobie na spa i niczym się nie
denerwował. Zjawił się za dwa dni i powiedział, że
podpisują z Birmingham. Trener tego zespołu Steve
Bruce nie wiedział, że Piotrek przychodzi. Dyrektor sportowy myślał, że on jest Francuzem, że nie
grał w żadnej reprezentacji. Jeszcze Polska nie była
w UE, i Piotrek tam jechał na francuski paszport,
czyli dla nich był Francuzem. Potem się okazało,
że tak mu przygotowali kontrakt, że jak zagra dwa
mecze w Premier League, to ulega on przedłużeniu
na następne dwa sezony. Tak to było sporządzo-
ne, ktoś tam przeprał kasę. Właścicielem klubu był
zresztą potentat w branży porno. Piotrek zagrał jeden mecz z Chelsea, wszedł na boisko, zrobił karnego, oddał trzy strzały, i nie zagrał już nigdy więcej,
bo drugi mecz oznaczałby przedłużenie kontraktu.
A widocznie nie o to chodziło. Nie wszystkie transfery są logiczne, nie zawsze decydują aspekty sportowe. To jest w dużej mierze biznes.

Wracając do sytuacji Zahaviego w Anglii.
Anglia jest dosyć specyficzna i trochę inaczej patrzy się tam na dokumenty niż u nas. U nich nie
jest możliwe przejmowanie klubu w taki sposób,
jak Senegalczycy próbowali przejąć Koronę Kiel-
ce. Siedzieli sobie w loży VIP, dziennikarze robili
z nimi wywiady, a później nigdy się nie pojawili

w Kielcach. Albo jak Jakub Meresiński prawie przejął jeden z najbardziej zasłużonych polskich klubów – Wisłę Kraków – tylko że się okazało, że w ogóle nie ma pieniędzy, a na dodatek sfałszował gwarancje bankowe. Żeby w Anglii przejąć klub, dokładnie analizowane są twoje możliwości finansowe, ale nie tylko. Musisz dostać specjalne pozwolenie, żeby wyłożyć kapitał. Romanowi Abramowiczowi na początku nie było łatwo kupić klub w Anglii. Bo to nie jest tak, że przyjeżdżasz sobie z Rosji, wyciągasz z walizki miliony nie wiadomo skąd i już świat stoi przed tobą otworem. To właśnie Pini Zahavi i paru jego kolegów wprowadzili na angielski rynek kapitał Abramowicza i oni ten kapitał legitymizowali. Dzięki takim ludziom jak Pini Zahavi Abramowicz mógł kupić Chelsea Londyn.

Oczywiście, potem powstają wzajemne zależności i tak jest w wielu klubach. Wiadomo, że Jorge Mendes całe życie był z trenerem José Mourinho. Mourinho zawsze kupował przez Mendesa najlepszych, najdroższych piłkarzy, mają do siebie zaufanie na każdej płaszczyźnie. Można się domyśleć, co łączy ich najbardziej...

C.K.: Agenci rządzą futbolem...

M.B.: Oczywiście, tak samo w Polsce, jak i na świecie. Tylko że tam w grę wchodzą inne pieniądze, a poza tym bardzo często jednak za biznesem idzie wartość sportowa. U nas często okazuje się, że ktoś przyszedł do klubu za godne pieniądze, ale nie umie grać w piłkę. A tam najczęściej ci, któ-rzy przychodzą za duże pieniądze, grać umieją. I to jest zasadnicza różnica.

Nie każdy może zrobić interes z wielkim klubem. Istnieje określona liczba agentów, nieformalny podział na stajnie z zawodnikami. Ponadto jeśli zawodnika do Realu Madryt, do Chelsea czy do Paryża przyprowadzi Zahavi, Raiola albo Mendes, to ten sam piłkarz ma inną pozycję, inne możliwości, inne miejsce w hierarchii, inne zarobki, niż gdyby został przyprowadzony przez mniej znanego menedżera. Ten sam zawodnik przyprowadzony nie przez Kucharskiego, Kołakowskiego, Piekarskiego, a przez Mendesa, Raiolę, to wciąż niby jest ten sam piłkarz, ale jednak nie ten sam...

Nie chcę niczego ujmować naszym menedżerom, po prostu nasi mają mniejsze możliwości. Jarek Kołakowski, Czarek Kucharski, Mariusz Piekarski czy Bartek Bolek poruszają się sprawnie w świecie biznesu piłkarskiego, ale urodzili się w innych realiach, mają dostęp do innych piłkarzy. Jak przyjeżdżasz do Niemiec polecać Piszczka czy Błaszczykowskiego, masz inną sytuację niż wówczas, kiedy oferujesz dwudziestoletniego zawodnika, wychowanego w Bayernie czy Dortmundzie. Tam, jak chłopak ma 19 lat, jest utalentowany, zaczyna grać w Dortmundzie, z klucza staje się reprezentantem Niemiec. Klub chce na niego postawić, działacze kalkulują, że kiedyś zgłosi się po niego Bayern. Od razu możesz mu dać kontrakt, dobre pieniądze. A jak jedzie chłopak z Polski, który nawet jest w reprezentacji, nic to jeszcze nie oznacza. Gdyby to było takie proste, Bartosz Kapustka zostałby gwiazdą. Tymczasem co z tego, że po mistrzostwach Europy był chwalony przez największe autorytety i wróżono mu wielką karierę, skoro nie łapie się do składu przeciętnego Freiburga i nie ma szansy wyjazdu na mundial do Rosji.

C.K.: Wracajmy do Roberta. Zawsze grał pod siebie. Sam to zresztą przyznaje. Napastnik musi być egoistą?

M.B.: Trudno wymagać od Roberta, że uderza jak ma okazję w polu karnym. Wydaje mi się, że on jednak zwykle wybiera dobre warianty rozegrania akcji. Jeśli może komuś dograć, a nie strzelić, to dogrywa. Śmieszyły mnie trochę te mecze i czasy, kiedy mocno był eksponowany konflikt Roberta z Kubą. Na boisku zawsze zgodnie współpracowali.

C.K.: Nawet reklama opla z Polakami z Dortmundu wykorzystała ten konflikt. Błaszczykowski i Piszczek siadali z przodu samochodu, Lewandowski się dosiadał w ostatniej chwili, oni robili głupią minę... Ale to nie jest wymyślony konflikt, chociaż niektórzy twierdzą, że podrasowany przez media. Oni autentycznie się nie lubią.

M.B.: Teraz to może się trochę zmieniło, bo im człowiek starszy, tym emocje bardziej się wyciszają. Ja się wtedy dobrze bawiłem, komentując

Bundesligę. Czasami Kuba albo Robert mieli możliwość pójścia samemu albo dogrania do kogoś innego, a oni na siłę grali do siebie, żeby trener sobie przypadkiem nie pomyślał, że nie chcą do siebie podawać piłki...

C.K.: Często stawiana jest ostatnio teza, że tak naprawdę Lewandowski trzyma obecnie na swoich barkach cały polski futbol. Jeśli jest w tym przesada, to niewielka. Chyba od czasów Zbigniewa Bońka nie mieliśmy w kadrze gracza, od którego zależy aż tak wiele. I on ten ciężar chętnie niesie.

M.B.: To jest jego naturalne zachowanie. Jest jakiś projekt, jesteś jego ważną częścią, wszyscy się na ciebie patrzą. Mimochodem stajesz się idolem dla wielu tych chłopaków, którzy z jednej strony są kumplami z reprezentacji, a z drugiej strony chcą żyć tak jak ty, być tacy jak ty, bo zobaczyli, że dotknąłeś gwiazd.

Dziennikarze nie mają dziś z nim takiej bliskiej relacji jak kiedyś, ale ja to rozumiem. Kiedyś kontaktowałem się z nim przed każdym meczem Bundesligi. Niektórzy dziennikarze się irytują: nie oddzwonił, nie odpisał. Ludzie, my dzisiaj musimy pamiętać, że to jest jeden z trzech, czterech najpopularniejszych piłkarzy świata i gdyby chciał z każdym dziennikarzem, kolegą, którego lubi, pogadać dziesięć minut w tygodniu, toby nie miał czasu ani odpocząć po treningu, ani wychowywać córki, ani zrobić niczego innego. Ten chłopak chce być jeszcze lepszy. A żeby mógł być jeszcze lepszy, musi dalej koncentrować się na piłce i wypoczywać. Pamiętam taki czas przed mistrzostwami Europy, kiedy był w słabszej formie. Nie wynikało to tylko z liczby meczów. Jak się okazało, musiał zagrać w pięciu reklamówkach. To mu zburzyło rytm życia. Po treningu musiał lecieć na plan, tam spędzał wiele godzin, miał zaburzony cykl snu, cykl posiłków, nie było czasu na regenerację organizmu. I tak przez pięć dni z rzędu. Przy piłce na tak wysokim poziomie każdy detal jest ważny. Każdy dzień, który burzy ustalony rytm, potem odbija się na formie.

C.K.: Pamiętam taką scenę: Lewandowski przyjechał taksówką pod hotel DoubleTree by Hilton w Wawrze. Tłum ludzi, barierki, anestezjolożki, bo tam odbywał się jakiś kongres anestezjologów. Nie mógł przejść do windy, ludzie się rzucali na niego, kobiety gubiły buty na szpilkach. Pisk, jakby przyjechał Elvis Presley. Ochroniarz kadry „Marchewa" już nie dawał rady w pojedynkę. A jak się panie anestezjolożki wieczorem rozluźniły, szturmowały piętro, które było zarezerwowane dla reprezentacji. To pokazuje skalę zjawiska pod tytułem „Lewandowski". Robert to już jest postać popkulturowa, wykracza poza sam sport. Przynajmniej w Polsce.

Robert dzisiaj jest atrakcyjnym kąskiem w mediach, ale nie tylko sportowych. Bardzo chętnie widzą go u siebie ludzie z branży life style w roli eksperta. Ma nieskazitelny jak na sportowca wizerunek. Właściwie nic negatywnego o nim nie da się powiedzieć nie tylko jeśli chodzi o boisko.

M.B.: Kilka razy rozmawiałem z nim o rozrywkowej sferze życia. Powiedział mi: „Mam to szczęście, że mnie w ogóle nie smakuje alkohol. To nie jest tak, że zmuszam się do tego, żeby nie napić się alkoholu. Po prostu mi nie smakuje. Nie wiem, być może kiedyś będę sobie siedział na pomoście na Mazurach i wtedy napiję się piwka czy coś, ale dzisiaj nie".

Po awansie do mistrzostw Europy we Francji zamoczył tylko usta w szampanie i odstawił lampkę. A po eliminacjach mistrzostw świata w Rosji, podczas imprezy – zaproszeni byli wszyscy piłkarze, trenerzy, komentatorzy reprezentacji w tych eliminacjach – Robert wypił dwie lampki szampana, powiedział kilka zdań, pokręcił się, pozował jak zwykle do zdjęć i potem się ulotnił. Rano jeszcze nie wszyscy skończyli imprezę, a on już szedł po śniadaniu, wypoczęty, do samochodu i jechał na trening Bayernu. On zawsze miał taką świadomość – przyjdzie kiedyś koniec kariery, zawsze zdążysz się wybawić. A dzisiaj, jak masz swój czas, maksymalizuj chwile na pracę, wal do końca i drenuj, ile się da.

C.K.: Nie wszyscy w naszej reprezentacji tak myślą, o czym świadczy choćby afera z Hiltona, kiedy jeden z biesiadujących zawodników zapaskudził dywan. Dlatego nazwano ją dywanową. Zresztą

Robert odegrał w tej aferze podobno istotną rolę, łagodząc temat... Piłkarze generalnie nigdy nie byli świętoszkami, zawsze lubili wychylić drinka i pewnie będą lubić.

M.B.: Fascynująca w tym kontekście jest jego przyjaźń ze Sławkiem Peszko, gościem z innej planety.

C.K.: Gościem, który nie zagrał podczas Euro 2012, bo wyrywał taksometr w niemieckiej taksówce i trafił do aresztu...

M.B.: Sławek jest superkolegą, fajnym, wesołym facetem. Myślę, że on Robertowi trochę pomógł, jak Robert wchodził do Lecha Poznań. Sławek nigdy nie miał w sobie zazdrości i nigdy nie starał się blokować tych, o których wiedział, że są zdolniejsi. Myślę, że Robert to docenia. Lubię takie historie, kiedy ludzie zmieniają swoją pozycję społeczną, a pewne przyjaźnie zostają. Ja mam kumpli w Dębicy, ty masz kumpli na Ursynowie, a Robert pewnie ma kilku kolegów z czasów młodości, jak chociażby Zawiślak, któremu dał pracę i zajmuje się jego interesami, czy właśnie Sławek, z którym trzyma się od tylu lat.

C.K.: W wielu biznesowych projektach Robert nie funkcjonuje sam, ale już pod marką Lewandowscy. To wszystko na skutek aktywności jego żony Ani...

M.B.: Wiele rzecz jest w tym związku nie-standardowych w porównaniu z innymi małżeństwami w świecie piłki. Po pierwsze, Ania nie jest dziewczyną, która zauroczyła się piłkarzem Lewandowskim, którego dziś znamy. Była z nim na bardzo wczesnym etapie jego kariery i czasem to ona ich utrzymywała. Prowadzili bardzo skromne życie. Po drugie, ona rozumie sport, bo sama go uprawiała. Wie, co to jest obóz treningowy, co to jest koncentracja, co znaczy dla sportowca porządnie się wyspać. Ktoś powie, że się lansuje, te jej wszystkie fitnessy, zdrowa żywność itd. Ale ja bym ujął to inaczej. Ona robi wszystko, aby nie być tylko żoną swojego męża. A przy okazji robi dużo dobrego. Anka jest w stanie bardziej rozpropagować zdrowy tryb życia niż ktokolwiek inny. Ufają jej tysiące dziewczyn. Te wszystkie dziewczyny jej ufają przez to, jak ona wygląda, z kim ona jest, jak ona żyje. I to nie są złe wzory. Myślę, że jej nigdy nie interesowało tylko siedzenie w tym pięknym domu w Monachium, gdzie ich sąsiadem jest ambasador Stanów Zjednoczonych, i myślenie o tym, kiedy Robert wróci. Może nie wszyscy zdają sobie sprawę, ale piłkarza, który gra na takim poziomie i tak intensywnie, to w domu praktycznie nie ma.

C.K.: Ja bym jednak w tych wszystkich przepisach na ulotce dużymi literami zaznaczał: Konsumpcja i stosowanie się do tych wszystkich zasad nie oznacza, że staniesz się drugim Lewandowskim. Czarek Kucharski mi kiedyś opowiadał, że ten jego sukces, który odniósł we współpracy z „Lewym", ma jedną poważną pułapkę. Każdy następny jego klient oczekuje, że zrobi dokładnie taką samą karierę. A jak jej nie robi, to jest rozczarowany i ma pretensje, że się „Kucharz" nie przykłada.

Wybiegnijmy w przyszłość. Już po zakończonej miejmy nadzieję pięknej przygodzie w Realu Madryt. Robert mówi, że chciałby wyjechać do Stanów Zjednoczonych. Są kluby w bardzo fajnych miejscach – Los Angeles Galaxy, FC Los Angeles i Miami Fusion, gdzie finansowo zaangażował się David Beckham.

M.B.: Wykonuje swoją robotę na razie w Europie. Ale chce zakończyć karierę w Stanach Zjednoczonych i później zająć się fortuną, którą zarobił. Weryfikuje Miami, którego właścicielem jest David Beckham, wiadomo, że tam prędzej czy później wyląduje Cristiano Ronaldo. No i tam na Florydzie jest trochę inne życie, o którym marzą prawie wszyscy na świecie. Ania skłania się ku Los Angeles, które jej zaimponowało, gdzieś tam pewnie marzy jej się pójście drogą Victorii Beckham, ale Robert myśli o Miami. Wybierają się tam zresztą na wakacje zaraz po mistrzostwach.

Kierunek amerykański na końcówkę kariery jest dobry, bo w MLS, kiedy ta liga podpisuje kontrakty telewizyjne, to specjalny budżet przeznaczony jest na gwiazdy. Dzięki temu tacy piłkarze, jak David Villa, Kaká, Giovinco, wcześniej oczywiście Beckham czy Henry, mają całkiem fajne emerytury. Tak średnio po osiem, dziesięć milionów dolarów za sezon. Nie wysilasz się przesadnie, ale jesteś wielką gwiazdą, w świecie najbardziej doceniającym gwiazdy. A przy okazji rozkręcasz biznesy, szlifujesz angielski. I już bawisz się życiem.

C.K.: À propos posiadłości na Mazurach, którą Robert sobie wybudował i spędza w niej wolny czas. Tabloidy informowały, że „Lewy" podczas wakacji lata z niej helikopterem po bułki. Pytam go, czy to prawda? „Stanowczo dementuję – odparł. – Nie jem bułek".

M.B.: Kiedyś był bardziej wstydliwy, teraz nabrał ogłady. Ma swoją wartość sportową, poczuł się pewnie, nauczył się mediów, jest wygadany, inteligentny, ale jednocześnie nie zatracił sarkazmu, dystansu, ironii, wesołości. Te cechy na pewno mu zostały. Tak jak z tymi bułkami i helikopterem.

○

Rozdział IV
Robert Lewandowski:
Kiedyś milczałem, teraz chcę mówić

*Robert Lewandowski
i jego dwie kobiety życia: Ania i Klara.*

**Mateusz Borek, Cezary Kowalski:
Jaki pierwszy mundial zapamiętałeś
z dzieciństwa?**

Robert Lewandowski: Francję, 1998 rok, miałem dziesięć lat. Pamiętam ceremonię rozpoczęcia, logo tamtego mundialu. Mecz? Oczywiście Francja – Brazylia, finał. Gdybyście coś konkretnego podrzucili, może bym sobie przypomniał więcej, tak to jest pierwsze skojarzenie. Później Korea, 2002 rok, pamiętam doskonale. Musiałem zwalniać się z lekcji, żeby oglądać mecze, bo się odbywały o godz. 13 czasu polskiego. Zawsze zrywałem się z dwóch ostatnich lekcji, żeby pójść do domu i włączyć telewizor.

**Wielu chłopaków z kadry koreańskiej
nieprawdopodobnie cię komplementuje,
uważa za najlepszego polskiego piłkarza.
My też wspominaliśmy swoje mundiale,
dla nas 1982 rok i mundial w Hiszpanii
był piłkarską inicjacją. Mieliśmy polskich
bohaterów, Bońka, Lato i całą resztę.
Twój pierwszy mundial**

był obcy, wtedy świetna była Francja, Brazylia. Mógł się chłopak wzorować na tamtych bohaterach?

Trochę inaczej podchodzi się do bohaterów ze swojego kraju, niezależnie od tego, na jakim grają poziomie, lepiej czy gorzej, ale zawsze to zawodnik z Polski. Bardziej się identyfikuję z naszymi dawnymi zawodnikami, a nie najlepszymi nawet obcokrajowcami. Chociaż w Korei nic wielkiego nie zwojowaliśmy, nasze mecze, które wtedy oglądałem, wywoływały większą chęć uprawiania piłki nożnej niż te z udziałem największych gwiazd. Wiadomo, koszula bliższa ciału. Tak to działa. Za naszych trzymałem kciuki, kibicowałem im i nie zastanawiałem się, czy oni już osiągnęli sukces, czy nie, czy to były złe mecze w ich wykonaniu, czy dobre. Cieszyłem się tym, że rozgrywali turniej na tak wysokim pułapie, że polska reprezentacja jest na tych mistrzostwach. To były pierwsze nasze mistrzostwa świata po szesnastu latach przerwy. Dla mnie to było coś wielkiego. Wow! Super! Nie oczekiwałem przecież, że oni zdobędą mistrzostwo świata.

Kogo wtedy lubiłeś?

Z kilkoma zawodnikami z tamtej ekipy później grałem w kadrze – Żewłakow, Krzynówek. Żurawski? Nie, z „Żurawiem" nie grałem, chociaż pamiętałem z Korei, że jako „dziewiątka" biega tak lekko po boisku. Podobał mi się jego styl biegania. Było tam dwóch, trzech zawodników, z którymi grałem na boisku jeszcze jako młody chłopak. Tam byli też zawodnicy, którzy tak naprawdę pierwszy raz grając w dobrych zagranicznych klubach, awansowali na mundial. Trzon kadry stanowili głównie gracze z Bundesligi – Hajto, Wałdoch, Kryszałowicz, Kałużny. Dudek był wtedy w Liverpoolu. Bąk, Świerczewski we Francji.

My mamy swoich polskich idoli z młodych czasów, ty też potrafiłbyś takiego znaleźć?

Mieliście łatwiejszy wybór. Ja oczywiście tych chłopaków, których powoływał Jerzy Engel, szanowałem, imponowali mi, robili wrażenie, ale żeby nazwać któregoś z nich idolem? Nie, to chyba za duże słowo. Krzynówek był tego najbliższy, ale jednak nie. To nie był mój idol. Nie było wtedy polskiej gwiazdy, której wskazanie byłoby oczywistością. Oni grali bardzo przyzwoicie w bardzo przyzwoitych klubach, ale...

A zagraniczne wzorce?

Pierwszy piłkarz, który utkwił mi w głowie jako sześciolatkowi, to był Roberto Baggio. Alessandro Del Piero też był przez chwilę moim ulubieńcem. Baggio, bo był wielką gwiazdą, dużo robił w klubie, później w reprezentacji, a w decydującym momencie nie strzelił karnego. Więc może dlatego przerzuciłem się na Del Piero (śmiech).

Jak wtedy wyglądał świat Roberta mającego dziesięć, dwanaście lat? Życie skromne, pełne problemów czy raczej radosne?

Nauczyciele, a ten zawód wykonywali moi rodzice, nie zarabiali wielkich pieniędzy, ale też nie mogę powiedzieć, że nie mieliśmy czego do garnka włożyć, bo tak nie było. W tamtym okresie byłem raczej szczęśliwym dzieckiem. Moi rodzice uprawiali sport, uczyli w szkole wychowania fizycznego, sport cały czas pojawiał się w naszym domu. W każdej wolnej chwili praktycznie uprawiałem różne dyscypliny. Mieliśmy ogródek, zaraz obok boisko w Lesznie, gdzie mogłem spędzać całe dni. Niedaleko las; wychowałem się, latając po lasach. Dzieciństwo wspominam bardzo dobrze. Gdybym go nie przeżył w taki sposób, strasznie bym żałował. Tych zabaw w chowanego w lasach, ciągłego łażenia po drzewach. Albo tych naszych wypadów w nieznane, rozpadającą się motorynką, którą później trzeba było wielokrotnie pchać. Tych wszystkich kumpli z dzieciństwa, z którymi spędzało się całe dni, wymyślając nieprawdopodobne rzeczy, aby dobrze się bawić.

Miałeś motorynkę?

Tak, motorynkę, później także motorower Ogara. Pierwszą miałem Stellę. Tata mi kupił, fajna maszyna jak na tamte czasy. Ale, niestety, już nie produkowali części, więc jak coś się popsuło, trzeba było kombinować. Potrafiłem rozłożyć i złożyć silnik. Interesowałem się tym i autentycznie się zajarałem.

**Teraz dzieci bawią się głównie wirtualnie.
Będziesz w przyszłości usiłował swoje
dzieci odciągnąć od tego świata?**

Ciężko będzie, widzę to już po mojej córce Klarze. Jest malutka, ale już lgnie do telefonu. Wiem, że tego nie przeskoczę. Ale dla mnie prawdziwe wspomnienia to podwórko i wszystko, co tam się działo, nie gry na konsoli, chociaż w moim dzieciństwie były już komputery. Miałem Commodore, ale dla mnie gry komputerowe to był dodatek, jak już się wybiegałem i zmęczyłem fizycznie.

**Podwórko kształtowało twój charakter
i zasady?**

Dokładnie tak.

**Jaki byłeś na podwórku? Miałeś zdolności
przywódcze czy raczej byłeś jednym
z „żołnierzy"? Jak byś się pozycjonował
w tamtym czasie? Szef trzepaka?**

Szef nie, ale dziecko, które jak coś powiedziało, to już coś znaczyło. Nie byłem jednak chłopakiem, który rządził. Wpadałem na fajne pomysły, ale nie musiałem pokazywać, jaki jestem ważny, nie walczyłem, żeby uwaga skupiała się na mnie.

Twoja mama kiedyś powiedziała, że od maleńkości zawsze, nawet jak jadłeś obiad, miałeś piłkę pod nogami. Podkoloryzowała trochę czy rzeczywiście tak to wyglądało?

Faktycznie tak było. Gdy grałem na boisku i słyszałem, jak mama mnie woła: „Robert, obiad!", zabierałem piłkę, żeby nie zginęła, żeby nikt nie buchnął. Jadłem obiad, trzymając piłkę przy nodze, i dalej na boisko. Mama zapomniała dodać, że często nie słyszałem jej wołania, zapominałem się i pojawiałem się dopiero na kolacji.

Wtedy już byłeś dobry?

Zawsze strzelałem najwięcej bramek, zawsze górowałem na jakichś testach. Chociaż w dzieciństwie byłem mały, wzrostem odstawałem od rówieśników.

W bieganiu, w piłce palantowej, w skoku w dal też byłeś pierwszy?

Byłem, to fakt, właściwie w każdej dyscyplinie. W podstawówce i gimnazjum startowałem w każdej dyscyplinie i w każdej ciągnąłem swój zespół.

Był taki sport, w którym ci nie szło?

Jak poszedłem do liceum, nie chciałem startować w biegach przełajowych, pomimo że wszystko wygrywałem. Do końca gimnazjum wygrałem wszystkie turnieje powiatowe, międzypowiatowe, Warszawy, Mazowsza. Ale jak jechałem na zawody, strasznie się stresowałem. Bałem się tego dnia, byłem roztrzęsiony, mimo że wygrywałem, nie sprawiało mi to w ogóle frajdy. Z roku na rok wygrywałem z coraz mniejszą przewagą. W podstawówce miałem po sto metrów przewagi nad rywalami, później coraz mniej, mimo że piłka nożna dała mi wytrzymałość. Chłopaki jednak zaczęli profesjonalnie uprawiać dyscypliny długodystansowe, więc wiedziałem, że mnie coraz bardziej doganiają. To spowodowało, że biegi nie sprawiały mi radości. Bałem się, że w końcu przegram, nie lubiłem tego zbliżającego się dnia.

Grałeś w kadrze szkoły w kosza.
W kosza, w ręczną, w siatkę.

I we wszystkim ci szło?
Tak. Nawet w ping-ponga wygrałem zawody powiatowe. Nie przechwalam się, pytacie, to odpowiadam (śmiech).

W kosza na jakiej pozycji?
Rozgrywający, w siatkówkę też. Na inne pozycje zbrakło mi wzrostu.

Łyżwy?
Nie jeździłem, pewnie tego bym nie potrafił. Na pewno znalazłoby się coś, czego nie potrafię. Na nartach jeździłem tylko za samochodem, tata mnie ciągnął.

Tata był w szkole wuefistą. Ciebie też uczył?

Tak. Teraz się cieszę, że tata kazał nam robić dużo gimnastyki, ale w tamtym okresie irytowałem się, że na lekcjach tak mało gramy w piłkę. Może raz w miesiącu, w resztę dni tata zarządzał inne dyscypliny. Dopiero później skumałem, że on chciał, żebym się rozwijał ogólnie, nie tylko piłkarsko. Judo trenował ze mną tak, żebym nauczył się upadać. Pamiętam sytuację, kiedy podczas przerwy przyszedłem coś zjeść do pakamerki moich rodziców – mama też była wuefistką – a tam starsi koledzy ćwiczyli gimnastykę, jakieś tam wychwyty z głowy. Nikt nie potrafił tego zrobić. W tamtym czasie nawet nie wiedziałem, co to znaczy wychwyt z głowy. Tata mnie zachęcił, żebym spróbował. I pokazał, że w tym chodzi o to, żebyś stanął na materacu na głowie i zrobił „fiflaka". Pomyślałem – dobra, spróbuję. I wyszło mi za pierwszym razem. Teraz wiem, że dobre przygotowanie gimnastyczne spowodowało, że mam inną koordynację niż piłkarze, którzy od dziecka grali tylko w piłkę nożną. Jak biegają czy upadają, robią to nieco inaczej niż ja. Dzisiaj pewnie nie zrobiłbym salta tak od razu, bez przygotowania, urosłem, od iluś lat nie uprawiam gimnastyki, ale gdybym sobie przypomniał, potrenował, pewnie dałbym radę.

Twój ojciec był judoką. Może nie lubił piłki nożnej, to powszechne u ludzi, którzy trenują inne dyscypliny.

Lubił, później nawet został trenerem. Ale wiem, że inni sportowcy się denerwują, jak się mówi, ile zarabiają piłkarze. Też chcieliby tyle zarabiać, bo też wkładają dużo wysiłku w swój sport.

Ostatnio w „Cafe Futbol" zrobiliśmy program o Jakubie Krzywinie z drużyny, która pobiła rekord świata w sztafecie 4x400. On jest kibicem, siedzi w kotle Lecha Poznań. Niesamowicie skromny chłopak, mówił nam, że po „Lewym" od początku było widać, że będzie grał na dobrym poziomie, ale nie sądził, że będzie aż tak dobry.

Wiem, do czego zmierzacie. On też jest wielkim sportowcem, uprawia piękną dyscyplinę, a nie może się równać z piłkarzami, jeśli chodzi o zarobki. Te dysproporcje są ogromne. Powoduje to popularność piłki nożnej, inne dyscypliny tak bardzo nie interesują ludzi.

Jako syn judoki, oglądając dzisiaj igrzyska olimpijskie, jesteś w stanie rozpoznać wszystkie figury z judo?

Miałem psa Kokę i ludzie się zastanawiali, czy imię dałem mu od coca-coli czy koki. A chodziło o chwyt w judo. Moim chrzestnym jest trener Pawła Nastuli, który zdobył złoto na igrzyskach olimpijskich. Wtedy właśnie go poznałem, przyjechał do nas do domu.

A teraz wyszedłbyś na tatami?
Lubisz oglądać sporty walki?

Lubię, w domu mam też sportsmenkę. Jak żartujemy, lubię dla zabawy wykręcić ręce, przewrócić na ziemię. Coś mi z tego judo zostało.

Na ile zmienił się twój świat,
gdy tata odszedł?

Tak naprawdę o 180 stopni. Przez całą młodość razem z mamą wozili mnie na treningi, oglądali wszystkie mecze juniorskie. Jak zacząłem mieszkać w Warszawie i odwiedzałem ich w domu, tata zawsze mnie odwoził.

Dlaczego przeprowadziłeś się do Warszawy?

Miałem szesnaście lat, poszedłem do liceum i cały czas grałem w Varsovii. Tak było wygodniej.

I wtedy tata zmarł.

Pomagał mi przygotować się do pierwszego meczu w seniorach, ale już go nie zobaczył. Zmarł w marcu, a pierwszy mecz był dwa tygodnie później, nie zdążył. Po śmierci ojca zostałem jedynym mężczyzną-chłopakiem w domu. I ten chłopak z dnia na dzień musiał stać się prawdziwym mężczyzną. Tata miał problemy zdrowotne również poprzez sport. Często musiał przed zawodami zbijać wagę. Siedział wtedy w saunie w ortalionach, żeby pozbyć się kilku kilogramów. Plus alkohol, niezażycie lekarstw spowodowały, że zasnął i się nie obudził. Byłem akurat w Warszawie. Mamę zawsze budziło chrapanie ojca, a wtedy nic nie usłyszała. To, co ona przeżyła... To dla niej był wielki szok... Zobaczyć najbliższą osobę, która leży obok ciebie i nagle już nie jest na tym świecie... Podziwiam ją za to, że dała radę i się nie załamała. Dostałem wiadomość dzień później. Pamiętam, że wracając ze szkoły, zostawiłem plecak i się po niego wróciłem. Mama zadzwoniła i powiedziała, że jest na Bielanach, tam mieszkałem. Prosiła, żebym szybko przyjechał, bo chce ze mną porozmawiać. Czułem, że coś złego się stało, ale nie wiedziałem, o co chodzi.

Nie powiedziała ci przez telefon?

Nie. Powiedziała mi dopiero, jak się spotkaliśmy. Na początku myślałem, że mówi o dziadku, bo powiedziała: „Ojciec nie żyje", ale okazało się, że chodzi o mojego tatę. Przez parę minut byłem jakby w zawieszeniu. Nie mogłem zrozumieć, dlaczego świat jest taki niesprawiedliwy, dlaczego akurat mi to się przytrafiło. Pierwszy raz w życiu dopadło mnie takie poczucie. Musiałem błyskawicznie przejść proces dojrzewania.

Czułeś wtedy, że musisz wziąć sprawy w swoje ręce?

Na pewno nie byłem na to przygotowany, bo młody chłopak w wieku szesnastu lat nie jest gotowy na to, żeby nagle zostać głową rodziny i myśleć poważnie jak dorosły facet. Ale wiedziałem, że muszę pomóc mamie i siostrze. Nie mieliśmy wielkiej rodziny, więc nie miałem alternatywy. Mama, siostra – kobiety, ja jeden facet. Czułem, że muszę to wziąć na siebie. I chciałem. Miałem dwie opcje, tak samo jak potem po kontuzji w Legii – albo się poddać, albo walczyć i pokazać tacie, który – jestem tego pewien – patrzy na mnie z góry, że może być ze mnie dumny.

Co mogłeś zrobić jako szesnastoletni chłopak?

Zarabiałem już pierwsze pieniądze.

Myślałeś tylko o piłce czy o tym, żeby pójść do normalnej roboty?

Nie, tata na pewno by tego nie chciał. Nie po to poświęcali tyle czasu na dojazdy na treningi, czasem po szkole zawozili mnie półtorej godziny w jedną stronę do Varsovii, potem tyle samo w drugą stronę, czekali na mnie. Czasem, jak nie mogli mnie odwozić, jeździłem sam. Moja siostra też trenowała, siatkówkę w Ożarowie czy w Pruszkowie, więc rodzice się podzielili. Mama jeździła z Mileną na siatkówkę, a tata mnie zawoził na mecze. Ale czasem nie mógł, bo wypadło jakieś zebranie w szkole czy inne sprawy. Musiałem radzić sobie sam.

Pojechaliśmy kiedyś z kamerą do Leszna i szukaliśmy przystanku, na którym mały

Robuś czekał na mrozie. To tylko legenda czy naprawdę tak było?
Sama prawda. Wtedy jeszcze nawet nie było przystanku, nie było linii autobusowej. Jeździły tylko busiki z Leszna do Górczewskiej za dwa złote, trwało to 45 minut, później przesiadka w autobus. Razem dwie godziny w jedną stronę, powrót tak samo. Ile ja razy zmokłem i zmarzłem na tych przystankach, tylko ja wiem.

Ile wtedy strzelałeś bramek w sezonie?
Najwięcej chyba pięćdziesiąt strzeliłem. Było też tak, że ja strzeliłem czterdzieści, a osiemdziesiąt cała drużyna. Wielu ludzi się pukało w głowę, patrząc na moich rodziców. I zastanawiali się, po co oni to robią. A oni to robili, żebym był szczęśliwy, żebym spełniał swoje marzenia. Nie z myślą o tym, że zostanę piłkarzem i będę zarabiał nie wiadomo jakie pieniądze. Nie, nigdy takiego tematu nie było. Nigdy nie usłyszałem od nich ani jednego słowa w stylu: masz grać w piłkę! A wiem, że niektórzy mają z tym problem, bo wielokrotnie widziałem, jak rodzice zachowywali się na boiskach.

TOR, czyli towarzystwo oszalałych rodziców...
Powinni dostać zupełny zakaz wchodzenia na obiekty sportowe, gdzie trenują ich dzieciaki. Niestety, to towarzystwo do dzisiaj istnieje.

**Potem trafiłeś do Legii, a Legia w ciebie
nie wierzyła. Czy to było takie zderzenie,
po którym po raz pierwszy zwątpiłeś
w swoją karierę piłkarską? Czy też ten
moment podwójnie cię zmotywował?**

Wtedy pierwszy raz dostałem kopa w dupę. I przyszła refleksja, dlaczego nie poszło. W czasie, w którym mi podziękowano, byłem już zdrowy po kontuzji, ale w stu procentach nie byłem gotowy do gry. I ktoś mi powiedział, że nie wrócę do formy, którą prezentowałem wcześniej. I co teraz? Skończyłem siedemnaście lat. Nagle taka informacja spada na młodego chłopaka jak grom z jasnego nieba. Nie czułem się słaby, nie rozumiałem, dlaczego mi to robią. Informację, że klub nie przedłuży ze mną umowy, otrzymałem od sekretarki.

**Nikogo z pionu sportowego nie było stać
na rozmowę z tobą?**

Nie, tylko trener bramkarzy podszedł do mnie, zapytał, czy wszystko OK. Żaden trener ani prezes ze mną nie porozmawiał, nikt mi nie powiedział tego w oczy. Miałem kontrakt na rok z opcją przedłużenia na dwa lata... Nie chcieli ze mną nawet gadać.

Dobrze tam wtedy zarabiałeś?

1500, 2000 złotych, coś koło tego.

Jak na twoje potrzeby wtedy to było OK?

Tak, to była pensja, z której mogłem się utrzymać, obiady miałem za darmo. I to był moment, w którym miałem dwie możliwości. Albo się poddać, odpuścić i pójść w innym kierunku, albo jednak pokazać, że ktoś tam się mylił. To fakt, miałem dużą motywację, żeby im jednak udowodnić, że nie jest ze mną tak, jak oni myślą.

Byłeś wtedy fanem Legii?

Nie, ja w ogóle nie chciałem pójść do Legii, zostałem zmuszony. Debiutowałem w seniorach w Delcie, klubie obok Jeziorka Czerniakowskiego. Był tam pan Trzeciakowski, który mi powiedział, że albo idę do Legii, albo zostaję w Delcie, ale klub przestaje istnieć. Myślałem, żeby wrócić do Varsovii, miałem siedemnaście lat, więc mogłem pograć jeszcze rok albo dwa w juniorach. Zastanawiałem się. Wiedziałem, że Legia to profesjonalny, poukładany klub, ale to był jedyny klub w życiu, którego nie czułem i nie chciałem tam iść. Powiedziałem jednak panu Trzeciakowskiemu – OK. Pomyślałem, że nie będzie źle, klub fajnie zarządzany, dużo lepsze warunki niż te, które miałem.

Dlaczego nie czułeś Legii? W tamtym czasie prawie każdy chłopak z Warszawy i okolic marzył o Legii.

Wiedziałem, że idę jednak do drugiej drużyny, coś mi nie pasowało. Czułem, że to nie ten czas, nie ten moment, ale miałem świadomość,

że będę zarabiał więcej niż w Delcie, że będę miał
normalny kontrakt, to też trochę mnie przekony-
wało.

**Legia cię porzuciła, musiałeś zejść
do niższej ligi. Dlaczego Pruszków?**
Zastanawiałem się, co dalej, wyboru specjalnie nie miałem. Ktoś próbował mnie ściągnąć
do Chorzowa, do Ruchu, ale chciałem skończyć liceum w Warszawie. Jeszcze gdy byłem w Legii, Sylwek Mucha-Orliński, prezes Znicza, pytał mnie,
czy nie chciałbym przejść do niego. Myślałem sobie: przecież jestem w Legii, dopiero tu zaczynam,
gdzie ja będę do Znicza szedł? Jak mnie wywalili
z Legii, pojechałem jeszcze na Varsovię porozmawiać ze znajomym trenerem, trenował Łomian-
ki. Próbował mnie namówić, żebym do nich dołą-
czył. To była chyba czwarta liga, więc na to już nie
poszedłem. Zaproponował więc Znicz Pruszków,
w okolicy Warszawy jedyny klub na jako takim poziomie, który miał młodych graczy, oni w miarę
się rozwijali. Więc mama mnie zawiozła do Pruszkowa. Trenerem był wtedy Andrzej Blacha, od razu
pojechaliśmy na trening. Na początku jeszcze trochę kuśtykałem, musiałem odbudować mięsień po
kontuzji. Ale jak już wróciłem do formy, to w pół
roku zdobyłem króla strzelców.

**Znicz to było ciekawe miejsce.
W twojej drużynie grali też inni późniejsi
reprezentanci Polski – Radek Majewski,**

**Igor Lewczuk, później na szersze
wody wypłynął Paweł Zawistowski.
O drugim napastniku, Bartku Wiśniewskim,
mówiono, że był nawet lepszy od ciebie.
Strzelał chyba w pewnym momencie
więcej bramek niż ty.**

Podobnie strzelaliśmy. On był starszy,
bardziej doświadczony, a ja przez kontuzję potrze-
bowałem pół roku, żeby dojść do formy. To jednak
ja zdobyłem króla strzelców w pierwszym roku,
w drugim roku tak samo.

**Sylwek Mucha-Orliński prowadził
klub twardą ręką?**

Tak, tam po raz pierwszy nauczyłem się
negocjacji, zaliczyłem pierwsze starcia negocjacyj-
ne. Wtedy w pewnych kwestiach jeszcze nie dałem
rady, ale była to dla mnie na pewno spora lekcja.

**Jak już ogarnąłeś to wszystko,
usamodzielniłeś się do końca?**

Tak, zrobiłem prawo jazdy, po jakimś czasie grania w Zniczu kupiłem pierwsze auto za swoje pieniądze.

Co kupiłeś?

Fiata bravo, błękitnego, trzydrzwiowego,
używanego.

**Dzisiaj pewnie osiągnąłby rekordową
kwotę na jakiejś aukcji.**

Moja siostra sprzedała go kilkanaście lat temu. Jadąc z Bielan, zabierałem chłopaków. Jeździliśmy w czwórkę, w piątkę, składaliśmy się na paliwo i jechaliśmy na treningi. Ja po lekcjach w liceum, wielu chłopaków studiowało, trenowaliśmy wieczorami.

Wkrótce potem kręciło się koło ciebie kilkunastu menedżerów, którzy zdając sobie sprawę ze skali twojego talentu, próbowali z tobą podpisać kontrakt. Dlaczego zdecydowałeś się na Lecha Poznań i Czarka Kucharskiego jako menedżera?

Mogłem wtedy pójść wszędzie, gdzie bym chciał, ale dla mnie tylko trzy kluby wchodziły w grę. Kluby, które grały w pucharach, czyli Wisła, Legia i Lech. Do Legii nie chciałem wracać po tym, jak zobaczyłem, w jaki sposób ze mną rozmawiają. Zaproponowali, żebym poszedł do młodej ekstraklasy, żebym się ograł, że będę dostawał treningi z Legią. Powiedziałem nie.

Z kim rozmawiałeś?

Dyrektorem sportowym był wtedy Mirosław Trzeciak. Wisła też bardzo mnie chciała, ale wiedziałem, że na fali był tam Paweł Brożek i ktoś jeszcze. Oni grali jednym napastnikiem i wiedziałem, że może mi być ciężej się przebić i że ta taktyka, wtedy chyba trenerem był Maciej Skorża, nie do końca mi pasuje. Wszyscy mi odradzali Lecha, naprawdę wszyscy, bo tam Franek Smuda był trenerem itd. Tylko ja i Czarek stawialiśmy na

Lecha. Od początku wiedziałem, że chcę tam iść, bo grają bardzo ofensywnie. Przeanalizowałem, jak grają, jacy są zawodnicy, jak się klub rozwija. I tak naprawdę od początku byłem zdecydowany. A, jeszcze Jagiellonia Białystok też próbowała mnie ściągnąć, obiecując różne rzeczy.

Miałeś jakąś zagraniczną propozycję?
Nawet nie myślałem o tym, może coś by było, ale nie interesowałem się tym.

Dlaczego się zdecydowałeś na Czarka?
Tak naprawdę był jednym z pierwszych menedżerów, który mnie zauważył. Spotkałem się może jeszcze z dwoma, trzema osobami, ale poczułem, że to nie to, czego szukam, że coś mi w nich jednak nie pasuje.

Podpisałeś z nim umowę? W środowisku mówiło się, że Lewandowski tyle lat pracował z Kucharskim bez podpisu.
Pierwsze dwa albo cztery lata miałem podpisaną z nim umowę, później już nie. Pracowaliśmy bez kontraktu.

To niesamowita historia, rzadko się zdarza, żeby ktoś przez tyle lat pracował z kimś na słowo, mimo że już podchodzili cię poważni menedżerowie z dużej piłki.
Ale ja już wtedy sam wiedziałem, czego chcę, czego oczekuję, wiedziałem, co mogę

otrzymać, o ile powalczyć. Na tamtym etapie byłem zadowolony ze współpracy z Czarkiem, więc
nie szukałem nikogo innego.

**Kolejny twój wybór, przenosiny
do Dortmundu, to też był strzał w dziesiątkę.
Postawiliście na klub, który kształtuje
piłkarzy, który świetnie szkoli,
mieli tam bardzo mądrego trenera.
Ale początek też nie był łatwy, bo poszedłeś
w roli zmiennika Lucasa Barriosa.
Pudłujesz w jednym z meczów, głupi
tytuł w „Bildzie" dotyczący twojego
nazwiska, ty na początku też trochę się
burzysz, że musisz grać drugiego napastnika,
nie do końca ci to pasuje, i nagle się okazuje,
że dokonujesz niesamowitego postępu.
To prawda, że od ciebie wymagano
znajomości niemieckiego, a od Barriosa nie?**

Tak, on miał tłumaczy, ja chciałem się nauczyć. Miałem Kubę Błaszczykowskiego i Łukasza
Piszczka u boku, ale głupio było mi o wszystko
ich prosić – chodź ze mną i przetłumacz, na przykład rachunki. Musiałem się więc jak najszybciej
nauczyć języka, wiedziałem też, że przebywając
z zawodnikami niemieckimi, nauczę się szybciej.
Łukasz i Kuba mieli swoje życie i swoje problemy.
Ja wiem, że czasami mogli mi pomóc i nie było
z tym problemu, ale też zdawałem sobie sprawę, że
nie mogę ich nadmiernie wykorzystywać. A jeśli
chodzi o pozycję w drużynie, oni mieli już swoje

przywileje, ugruntowaną pozycję, a mnie przez pierwsze pół roku trener zajechał. Taka jest prawda. Byłem młody, ambitny, wszystkie ćwiczenia robiłem na maksa, a nawet ponad, bo chciałem się pokazać jako taki dobry chłopak z Polski. Pierwszy rok był ciężki, byłem przemęczony, przetrenowany. Zajechany po prostu przez okres przygotowawczy, za dużo dla mnie tego było. Widziałem, że wielu piłkarzy a to dzień odpuściło, bo ich coś bolało, a tu kontuzja i dwa dni na odpoczynek.

Jak myślisz, dlaczego nie miałeś tych problemów, które zwykle dopadają młodych polskich zawodników po zderzeniu się z rzeczywistością zachodniej piłki? Płynnie zacząłeś radzić sobie na poziomie Bundesligi. Tobie się udało, więc dlaczego nie udaje się innym, chociaż na początkowym etapie są podobnie utalentowani?

Bo ja wiedziałem, ile muszę zmienić w podejściu do treningów, ile się nauczyć, ile poświęcić ciężkiej pracy. W Polsce nikt nie potrafił mi niczego pokazać, odpowiednio wytrenować. Skoro w wieku dwudziestu paru lat potrafię się wielu rzeczy nauczyć, widzę, że robię postępy, to się pytam, dlaczego w Polsce nikt mi nie potrafił tego pokazać?

Uważasz, że gdybyś się urodził w Niemczech i trenował od szóstego roku życia w Dortmundzie czy w Bayernie,

byłbyś dzisiaj jeszcze lepszy? A może zabrakłoby ci tej determinacji?

Trudno gdybać.

Przychodząc do Dortmundu, widziałeś coś takiego w twoich rówieśnikach, że pomyślałeś: „Kurde, my tego nie potrafimy"?

Oczywiście, byłem zdziwiony ich umiejętnościami, podpatrywałem wiele rzeczy. Najpierw musiałem dojść do ich poziomu, ale potem ich przeskoczyłem. Opanowałem pewne rzeczy, choć teoretycznie było już na to bardzo późno. To mi pokazało, że bez talentu bym tego nie dokonał.

W czym widziałeś największe różnice?

W jakości poszczególnych ćwiczeń, począwszy od podania, dokładności i intensywności sprintów. Nie chodzi o zwykłe bieganie, nie chodzi o ileś tam kilometrów do przebiegnięcia.

W Polsce podczas treningów i meczów biega się pewnie tyle samo kilometrów...

To nie ma znaczenia, może nawet lepiej mniej biegać, chodzi o szybkość w sprincie i jakość wykonywania ćwiczeń, począwszy od przyjęcia, pasa. Dopiero teraz widzę, a konkretnie od dwóch lat, że zrobiłem kolejny postęp. Pomimo gry z zawodnikami najwyższej klasy, w Dortmundzie nie mogłem się już więcej nauczyć. Dlatego poszedłem do Bayernu i tam zrobiłem kolejny krok.

Czy to twarda szkoła negocjacyjna Sylwka z Pruszkowa spowodowała, że uznałeś, że Polak może zarabiać najlepiej w niemieckim klubie – czy to w Dortmundzie, czy w Bayernie Monachium?

Czarek często mi to powtarzał. Wiadomo, on lubi walczyć, coś nie pokrywa się z jego zamiarem, nie popuszcza. Na początku nie potrafiłem wytłumaczyć sobie wielu rzeczy, bo byłem zbyt młody, nieświadomy. Cieszę się, że wytrzymywałem ciśnienie, bo nie ma się co oszukiwać, że w sporcie jest dużo polityki, manipulacji. Te artykuły w niemieckiej prasie, które powstawały na zlecenie... W tamtym czasie dopiero się uczyłem, jak to wszystko funkcjonuje.

Wiadomo, gra toczy się o kasę.

Po pewnym czasie zacząłem wyciągać wnioski, ale też nie ulegałem presji. I chyba to jest dla wielu piłkarzy najcięższy moment – wytrzymać ciśnienie. Mnie się to udało, a jeśli coś przemilczałem, nie znaczyło, że się zgadzam. Mam taką naturę, że jak się zastanowię, przeanalizuję i wychodzi mi, że mam rację, wracam i ze zdwojoną siłą mówię, co myślę.

Nie miałeś czasem ochoty podczas negocjacji kontraktowych machnąć ręką: „Dobra, niech dadzą tyle, to i tak jest sporo, mam to z głowy"?

Czasami tak było, pytałem się sam siebie: a po co mi to? Ale odpowiadałem sobie tak: jak już wszedłeś do tego kotła, to walcz. Wiedziałem, czego chcę. Wychowałem się w takim okresie, że zawsze Polak na Zachodzie miał być niby gorszy. Mieliśmy kompleksy, godziliśmy się na wszystko, co nam wielki świat oferował.

W jakiś sposób chciałeś to przełamać?

Tak, chciałem to przełamać. Zobaczyłem zachodnich piłkarzy i stwierdziłem, że nie są dużo lepsi. Planowałem nadrobić moje deficyty i zawalczyć o najlepszy kontrakt.

W niemieckiej piłce panowało przekonanie, że Polak nie może zarabiać więcej od Niemca. Panowała niepisana umowa...

Byłem na takim etapie, że strzelałem najwięcej bramek w Borussii, miałem dziesięć czy dwanaście asyst, dwadzieścia bramek w sezonie, tak naprawdę ciągnąłem ten wózek, więc dlaczego nie mam na tym zyskać? Tym bardziej że nie chciałem wiązać się z Borussią na kolejne lata.

Gdybyś był Niemcem albo graczem z Ameryki Południowej, łatwiej wywalczyłbyś te pieniądze?

Ciężko powiedzieć, ale nikt nigdy w życiu, żaden klub nie płacił polskiemu piłkarzowi większych pieniędzy. To była dla nich nowość. Musiałem zburzyć wiele murów.

Ktoś zburzył mur berliński, ktoś zburzył dortmundzki. Taka strategia była wynikiem chłodnej analizy czy szedłeś jak czołg, bo ci się wydawało, że to musi przynieść efekt?

Po prostu nie chciałem być gorszy od innych. Skoro robiłem więcej, dlaczego nie mam być za to nagradzany lepiej od innych?

Kto tam wtedy najlepiej zarabiał?

Mario Götze chyba.

Ostatni rok w Dortmundzie to majstersztyk negocjacyjny. Nie przedłużasz kontraktu, a dostajesz podwyżkę, bo potrzebują twoich bramek, żeby zagrać w Lidze Mistrzów. Czegoś takiego chyba wcześniej nie było.

Tak. Dostałem największy kontrakt w historii Borussii Dortmund.

I odszedłeś.

Nie chciałem zostawać, wielokrotnie spotykałem się z Hansem-Joachimem Watzke osobiście u niego w domu, mówiłem, że chcę odejść, on mnie namawiał do zostania. Otwarcie powiedziałem, że nie, że nie wyobrażam sobie zostania tu jeszcze przez rok.

Dlaczego? Przecież byłeś bogiem w Dortmundzie. Nawet wielu Niemców mówiło: po co on idzie do tego Bayernu,

**przecież to jest trudny klub, zwłaszcza
dla Polaka.**

Musiałem zburzyć kolejny mur. Tym razem ten w Monachium (śmiech). Wiedziałem, że Borussia to klub, który jest tylko moim etapem. Nie mogę o nich powiedzieć złego słowa, ale ten ostatni rok był wbrew pozorom dla mnie ciężki. Uświadomiłem sobie, że zostałem tam o dwanaście miesięcy za długo.

**Dlaczego? Zdobyłeś wtedy króla strzelców
Bundesligi.**

No niby tak, ale sądzę, że powinienem wcześniej odejść.

**Miałeś wtedy maksymalną koncentrację
w każdym meczu, każdy mecz
traktowałeś wtedy jak walkę o życie.
Czy jak dostałeś tę podwyżkę
i wiedziałeś, że odchodzisz, postanowiłeś,
że w każdym meczu musisz dać
z siebie na maksa?**

Coś w tym było. Kibice docenili to. Miałem takie pożegnanie... Szczerze mówiąc, nie widziałem, żeby piłkarz odchodzący z Borussii miał takie pożegnanie, jakie mi zorganizowano. Naprawdę, mówię serio, tego kamery nie pokazały. Cała trybuna czekała na mnie po meczu, oklaskiwała mnie, dziękowała. Osiemdziesiąt tysięcy ludzi! Nie spodziewałem się tego, wszyscy wiedzieli, że idę do Bayernu. Kibice docenili to, że zrobiłem wszystko, co miałem zrobić, dając siebie na maksa, wypełniłem kontrakt i grałem do końca.

Czy to jest mit, czy prawda, że namawiał cię Kucharski, żebyś się trzymał z Niemcami, jak byłeś w Dortmundzie?

Chodziło tylko o język, żebym się szybciej nauczył. Nie chciałem zamykać się na inne narodowości, ale kwestie językowe były dla mnie bardzo ważne. Trzymałem się również z Kubą, z „Piszczem" i to bardzo mocno, począwszy od tego, że razem spędzaliśmy święta. „Piszczu" był moim sąsiadem, a Kuba mieszkał kilometr dalej, więc cały czas byliśmy razem.

Jak szybko nauczyłeś się biegle mówić po niemiecku?

Po roku dałem jakiś pierwszy wywiad do telewizji, ale to jeszcze nie był perfekcyjny niemiecki. Myślę, że po dwóch latach mogłem wszystko bez trudu załatwiać, posługiwać się niemieckim. Moment, w którym opanowałem język niemiecki, zbiegł się z tym, w którym opanowałem też swoją sytuację sportową, złapałem formę. Pamiętam taki trening, na którym znów wszystko zaczęło mi wychodzić i koledzy powiedzieli: „Ooo, prawdziwy »Lewy« wrócił".

Gdybyś chciał powiedzieć tak krótko, co wyniosłeś od każdego z tych wielkich

trenerów, z którymi pracowałeś.
Jürgen Klopp?
Klopp to przede wszystkim osobowość.

Co zmienił w tobie jako piłkarzu?
Tak naprawdę wszystko zmieniło się po naszej rozmowie. Było to po meczu Olympique Marsylia w Lidze Mistrzów, przegraliśmy wtedy chyba 0:3. Zauważyłem, że Klopp często miał pretensje do Kuby albo do Polaków w ogóle. Poszedłem do niego i zapytałem: „O co ci chodzi? Dlaczego masz pretensje? Czego wymagasz ode mnie? Może ja czegoś nie rozumiem?". Rozmawialiśmy z godzinę albo półtorej po meczu i od tego momentu w ogóle wszystko się zmieniło. Pewnie sama rozmowa z nim spowodowała, że poczułem się pewniej. Może też przez to, że straciłem tatę i brakowało mi takich rozmów z twardym facetem, który byłby moim autorytetem. Ta rozmowa odblokowała mnie, zdarzyła się po tych sytuacjach, które marnowałem, to był początek drugiego sezonu. Nagle w środku coś mi się przestawiło. Trzy dni później graliśmy z Augsburgiem, strzeliłem hat tricka i jeszcze asystę Götze dałem, wygraliśmy 4:0. Od tego momentu tak naprawdę wszystko się zaczęło w mojej karierze w Dortmundzie. Po tej rozmowie ruszyła już ta cała machina.

Pep Guardiola?
Guardiola zmienił moje postrzeganie piłki nożnej, pogląd na piłkę. Dzięki niemu inaczej widzę rzeczy taktyczne, wszystko.

Trochę tak jak w galerii – ludzie patrzą na obraz i jeden widzi tylko obraz, a drugi coś więcej?

Dokładnie tak jest.

On rzeczywiście jest takim wizjonerem? Hiszpańskie media są podzielone w opiniach na jego temat. Niektórzy są zachwyceni, a inni mówią, że trochę jest w nim przerostu formy nad treścią.

Jeśli chodzi o całość rozumienia piłki nożnej, to jest wizjonerem, nie mam wątpliwości. Czasami potrafi przesadzić, chce zbyt wiele, ale jest bardzo mądrym trenerem. Myślę, że dzięki wielogodzinnym rozmowom z nim bardzo skorzystałem i jako człowiek, i jako sportowiec. Wiele się o dyscyplinie, którą w końcu uprawiam tyle lat, dowiedziałem właśnie od niego. No i otworzył przede mną kolejną barierę. Powiedział mi, że strzelę trzydzieści bramek w lidze w sezonie. Przecież widziałem, że tyle to ostatnio zawodnik strzelił czterdzieści lat temu! Okazało się, że przez dwa sezony z rzędu strzeliłem dokładnie po tyle. I w trzecim z rzędu też mam szansę. Przed Guardiolą nie byłem świadomy, że mogłem coś takiego zrobić.

Czyli fajny czy trudny trener?

Trudny pod tym względem, że dużo wymaga, ale daje też dużo. Według niektórych wymaga zbyt wiele.

**Kiedyś była taka sytuacja w Lidze Mistrzów,
że strasznie się kłóciliście.
Kamery uchwyciły, jak wychodzisz
po przerwie, on wymachuje rękoma,
ty również...**

Guardiola jest emocjonalnym trenerem
i nawet jak coś banalnego tłumaczy, to potrafi prawie na ciebie wskoczyć.

**Ale ty wtedy też nie miałeś spuszczonej
głowy.**

Potrafiłem z nim rozmawiać i wiedziałem,
że nie mogę przemilczeć pewnych spraw. Zawsze
go wysłuchiwałem, miałem do niego wielki szacunek, ale jak mówił coś, co mi nie pasowało, mówiłem mu o tym wprost.

**Czasem esemesujesz z Kloppem
czy z Guardiolą?**

Z Kloppem tak, z Guardiolą teraz rzadziej.
Po jego odejściu przez pierwsze pół roku mieliśmy
lepszy kontakt niż teraz.

Carlo Ancelotti?

Superczłowiek pod każdym względem.

**Taki niewtrącający się trener jak kiedyś
Paweł Janas?**

Janasa nie znam, ale faktycznie może Ancelotti za bardzo chciał, żebyśmy zachowali jak
najwięcej siły.

Za dużo dawał wam odpocząć.

Za mało czasami tam było... Nieważne. Ale też mnie rozwinął. Za Guardioli zacząłem trenować rzuty wolne, ale tak naprawdę pchnął mnie do tego Ancelotti.

A Jupp Heynckes? Facet wraca z emerytury w wieku siedemdziesięciu trzech lat i bije wszystkie rekordy.

Poukładał klocki po swojemu. Widać, że ci piłkarze, którzy wygrali z nim Ligę Mistrzów jeszcze przed moim przyjściem, są w niego wpatrzeni. Po nim widać, że tak naprawdę w piłce nożnej decydują detale i szczegóły. Bo to nie jest tak, że on zmienił nasze treningi czy naszą grę, on tylko lekko podkręcił mechanizm, wiedział, kiedy zjebać, kiedy wymagać więcej na treningu. Nawet wprowadził grę „w dziadka", a wcześniej tego brakowało.

Czy w Bayernie jest miejsce na taką normalną ludzką przyjaźń, czy to jest tak, że każdy przychodzi na trening, a potem zabiera zabawki i idzie do swojego świata?

Niemcy są inni, bardziej zamknięci, zawsze byli. Brazylijczycy czy Hiszpanie są bardziej otwarci.

Bliżej ci do tych pierwszych czy do tych drugich?

Z Niemcami też można nawiązać świetny kontakt, ale oni jednak zawsze wracają do domu. Nigdy ich nie spotkałem na mieście.

Można odnieść wrażenie, że siedzicie razem przy jednym stole i się fajnie uśmiechacie, tylko pojawiają się zdjęcia z Oktoberfest.
To nie jest tak, że my się nie lubimy, nie. Kiedy jesteśmy razem, bywa zajebiście fajnie, ale każdy ma swój świat, swoje rodziny. Czasami spotkamy się gdzieś na kolacji z Hiszpanami czy z Brazylijczykami, z Chilijczykiem Arturo Vidalem czy Rafinhą pójdziemy do knajpki, ewentualnie z młodymi Niemcami, bo oni jeszcze gdzieś wyjdą. Ale inni to już tak średnio.

Zdajesz sobie sprawę, że zmieniłeś sposób postrzegania Polaków przez Niemców? Bo jednak Polak to był obywatel drugiej kategorii, mimo że zakorzeniony, mówiący po niemiecku itd.
Pamiętam, jak przyjechałem do Niemiec, to często podchodził do mnie jakiś Polak i zagadywał po niemiecku.

Wstydzili się używać języka polskiego?
Owszem, ludzie w Niemczech wstydzili się używać języka polskiego i przyznawać, że są z Polski. Później, jak przyszły sukcesy, coraz więcej o mnie pisano, to się zmieniło. Z czasem zauważyłem, że pojawiły się biało-czerwone

flagi, koszulki z napisem Lewandowski, nagle ktoś z daleka krzyczy: Polska! Nie chcę tylko sobie przypisywać jakichś wyjątkowych zasług, ale jednak jak byłem w Dortmundzie, ciężej było za Polaka wyłożyć grubsze pieniądze. Teraz, jak są transfery, już nikt nie ma problemu, żeby zapłacić za Arka Milika pięć czy dziesięć milionów euro więcej. Coś się jednak zmienia nie tylko wśród kibiców.

W wieku trzydziestu lat decydujesz się zmienić swoje otoczenie. Zmieniasz menedżera, niemal wszystkich współpracowników, w tej chwili postanawiasz to wszystko przedefiniować. Skąd taka decyzja? Znów przebijasz jakiś mur?

Myślę, że to chęć rozwoju, chęć poznania, zobaczenia, jak to będzie z kimś innym. Zacząłem trochę inaczej patrzeć na różne rzeczy, mam już więcej doświadczenia. W wielu sprawach przestaliśmy się z Czarkiem zgadzać. I również z tego wynikała moja decyzja. Czarek kiedyś mi powiedział, że on sobie zdaje sprawę, że jestem już większy niż to, co może mi zaproponować. Nie wiem, czy powiedział to świadomie, czy nieświadomie, czy było w tym trochę przekąsu, ale...

Jeden z największych piłkarzy świata musi mieć jednego z najlepszych menedżerów świata?

Nie chodzi tylko o to, ale również o kontakty, o sposób bycia, o sposób załatwiania pewnych spraw. Ja też się rozwijam jako człowiek i zacząłem zauważać rzeczy, których wcześniej nie dostrzegałem.

Dojrzewasz?

Rozwijam się negocjacyjnie, inaczej pewne rzeczy postrzegam, inaczej rozmawiam. Po prostu już nie jestem chłopakiem, który ma nadal dwadzieścia pięć, dwadzieścia sześć lat, dojrzałem i chcę iść jeszcze wyżej. Na Czarka źle działało, że ja się rozwijam i jako człowiek, i jako firma. Nie tylko gram w piłkę, ale rozwijam też inne sfery życia i to dla niego... No, jemu to nie pomogło.

Rozumiemy, że mając taki majątek, jakim dysponujesz, trzeba być ostrożnym.

Zawsze byłem ostrożny. Zanim podjąłem jakąś decyzję, sprawdzałem wielokrotnie i wolałem w coś nie wejść, niż wejść, gdy nie byłem pewny. Nie jestem ufny z natury, muszę kogoś bliżej poznać, żeby wyrobić sobie własne zdanie na temat innej osoby. Raczej zawsze taki byłem.

Stałeś się wyjątkowo aktywny na rynku kapitałowym, inwestujesz, odrzuciłeś cola-colę, zostałeś twarzą Oshee, Ania również jest mocno zaangażowana w kilka firm. Czyli widzisz sens inwestycji w polski biznes, nie skupiasz się tylko na piłce.

Nie oszukujmy się, nie trenuję przez cały dzień, mam czas, żeby czymś się zainteresować. Różne projekty coraz bardziej zaczęły się rozrastać wokół mnie. Nie znam się na wszystkim, lubię rozmawiać i słuchać ludzi mądrzejszych ode mnie w danej dziedzinie. To nie jest tak, że słucham jednym uchem i wypuszczam drugim, uczę się od nich. To spowodowało, że wszystko dookoła mnie zaczęło rosnąć, i niektórzy współpracownicy nie nadążali. I to też był problem.

Wróćmy – do szkolenia młodzieży w Polsce. Czy uważasz, że to jest nasz największy problem?

Jak najbardziej, ostatnio widziałem dwudziestominutowy fragment meczu naszej młodzieżówki. Widzę, jak zawodnik przyjmuje piłkę, jak się odwraca, jakie ma nawyki. No, szału nie ma. Nie wygląda to najlepiej, wszystko dzieje się zbyt wolno. Jak przyszedłem do Bayernu, zobaczyłem Xabiego Alonso. Jeszcze trener nie skończył trzyminutowej odprawy, a on już wali pasy, wymienia potężne podania. Jak komuś piłka trochę podskoczy, to od razu śmiech. I tak na każdym treningu. Nigdy nie widziałem w polskiej lidze, żeby takie pasy w ogóle były, jest tylko klepanie i co najwyżej „dziadek".

„RL9 Academy", czyli piłkarska szkółka Roberta Lewandowskiego powstanie w Polsce?

To moje marzenie, aby założyć akademię z prawdziwego zdarzenia. Ale nie ukrywam, że sam tego nie zrobię.

Nie chciałbyś, żeby to była filia na przykład Bayernu, Realu, tylko twoja?
Nie, raczej moja, ale nie ukrywam, że pomoc osób, miasta, sponsora, dobra chęć władz byłyby potrzebne. Nie chcę, żeby powstał jeden orlik i jedna szatnia, chciałbym, żeby to była szkółka z prawdziwego zdarzenia.

W Warszawie?
Pewnie chciałbym zacząć w Warszawie. To są ogromne koszty i nie mówię o samym wybudowaniu obiektów. Ale ja mam wiedzę, mam wizję, przeżyłem to, czego nikt w Polsce nie przeżył, pracowałem z taki osobami, z którymi nikt w Polsce nie pracował, i chciałbym to komuś przekazać.

Będziesz kazał tym dzieciakom biegać po drzewach?
Nie wiem, może trzepaki postawię, żeby zaczynali tak jak ja (śmiech).

Ile razy w tygodniu chodzisz na hiszpański?
Nie uczę się i dopóki nie będę pewny... to nie będę się uczył.

Francuski na pewno znasz, bo coś tam kiedyś ćwierkałeś po francusku na Twitterze.

„Le cabaret" – tak skomentowałeś wyniki plebiscytu „France Football" na najlepszego piłkarza, w którym zająłeś odległe miejsce... Skąd twoim zdaniem taka daleka pozycja?

Chyba popularność klubu jest też istotna. Bayern, pomimo, że praktycznie co roku jest w ćwierćfinale czy półfinale Ligi Mistrzów, ciągle jest niedoceniany w skali światowej.

Chcesz zagrać w Realu?

Pomidor.

To inaczej. Jak już skończysz grać w Realu, bo wiemy, że wszystko jest już na ostatniej prostej, będzie cię ciągnąć bardziej w stronę Los Angeles czy Miami?

Chciałbym pograć w Ameryce, a może jeszcze bardziej tam pożyć. A najlepiej połączyć jedno z drugim. Nie wiem, jak długo jeszcze będę mógł grać w piłkę, mam nadzieję, że jeszcze trochę.

Teraz wchodzisz w optymalny wiek dla piłkarza.

Na pewno, ale czy pojadę tam w wieku trzydziestu pięciu czy trzydziestu siedmiu lat, trudno powiedzieć.

W wieku trzydziestu lat pojedziesz na pierwszy mundial, nie wiadomo czy nie ostatni. Zadałem kiedyś podstępne pytanie koledze: ile „Lewy" strzelił goli

**na mundialach? A on, że trzy albo cztery...
W oczach Polaków jesteś taką marką,
że wielu nie zdaje sobie nawet sprawy,
że nigdy wcześniej nie grałeś na
mistrzostwach świata...**

To jest problem.

**Czujesz teraz stres jak przed biegami
przełajowymi? Że niby to samo,
a jednak coś innego?**

Nie, bo to jest moje marzenie z dzieciństwa. Mam nadzieję, że się spełni. Stresu nie od-
czuwam, raczej euforię. Wiadomo, że presja i oczekiwania będą duże. Trzeba się tak nastawić, żeby
sobie z tym poradzić. Wiem, że Polacy będą mieć
duże oczekiwania, ale też wiem, że jesteśmy już
trochę piłkarsko wyedukowani i zdajemy sobie
sprawę, że nie można liczyć na coś, co jest nie-
możliwe. Bo tak jest, niestety. Nie mamy reprezentacji z czterdziestoma zawodnikami w topowych klubach i trener spośród nich wybiera sobie
pierwszą jedenastkę i ewentualnie drugą, gdyby
ktoś z pierwszej był niedysponowany. Musimy
tworzyć zgraną drużynę, bo nie mamy wielu takich zawodników.

**Bywało troszkę lepiej z formą niż
w tej chwili?**

Bywało, oczywiście że tak. Ale wiadomo,
że na mundialu najważniejsze będzie przygotowanie i zdrowie. Czasami jeden mecz może wszystko

odmienić, szczególnie ten pierwszy, jeśli byśmy wygrali. Wygrana powoduje czasami coś takiego, że może cię ponieść daleko, rośnie forma, pewność siebie i przychodzi spokój.

Pięćdziesiąt osiem meczów, osiemnaście bramek przed Nawałką. Trzydzieści pięć meczów, trzydzieści cztery gole za kadencji Nawałki. To w liczbach twoje osiągnięcia w reprezentacji. Błyskawiczna metamorfoza. Jak byś to wytłumaczył?
Przede wszystkim sprawa taktyczna.

Czyli masz obok siebie większą liczbę zawodników, tak?
Różnie, wiele rzeczy na to się składa. Też sytuacji nie miałem za dużo. A wiadomo, że czasami jedna, druga piłka nie wpadnie, a jak sytuacji jest jak na lekarstwo, robi się problem. Wcześniej nie byliśmy drużyną, która atakowała, stwarzała sytuacje. Im więcej walczyłem, im więcej biegałem, było tylko gorzej. W końcu stwierdziłem, że muszę coś zmienić, spróbować, żeby reprezentacja zaczęła inaczej grać, żeby to wszystkim przyniosło dobre skutki.

Widzisz coś szczególnego w Nawałce? Co on ma takiego, że od czterech lat jakoś to wszystko idzie?

Potrafi poukładać drużynę, potrafi też porozmawiać.

**Dużo rozmawiasz z trenerem? Macie
pogawędki w cztery oczy?**
Mamy.

To są długie nocne Polaków rozmowy?
Zdarzają się.

**Od razu przypomina mi się taka relacja
Piechniczek – Boniek. Boniek też dużo
rozmawiał z Piechniczkiem o personaliach
i o taktyce. Wasze rozmowy są podobne?**
Rozmawiamy o piłce, o kadrze. Komunikacja między zawodnikami a trenerem jest w piłce
bardzo ważna. Moje doświadczenie powoduje, że
powinienem się dzielić wiedzą, którą mam. Dlaczego mam ją trzymać tylko dla siebie? Niech każdy z niej skorzysta. Trener Nawałka potrafi słuchać. Rozmawia z wieloma piłkarzami, wyciąga
wnioski, koryguje swoje poprzednie opinie. Wcześniej wielokrotnie bywało tak, że milczałem.

A teraz chcesz mówić?
Tak, chcę mówić i niech inni na tym ko-
rzystają.

**Jakie jest twoje zdanie na temat zawodników,
którzy dostają polskie paszporty i trafiają do
kadry? To jest OK?**

To zależy, bo jeśli ktoś ma polskie korzenie, rozmawia po polsku, to dla mnie żaden problem. Ale jeśli ktoś nie ma z naszym krajem nic wspólnego i nagle dostaje paszport, to już jest przegięcie. Tak było przed Euro 2016, na ostatnią chwilę szukaliśmy zawodników na dwa tygodnie, żeby zagrali na Euro. To wszystko nie miało więc prawa wypalić.

Powiedz nam, czy zdążyłeś się już nacieszyć swoją kasą? Cały czas grasz, zgrupowania, wyjazdy... Roczne zarobki w granicach dwudziestu milionów euro to dla zwykłych ludzi jakiś kosmos. Przecież tego się chyba nie da wydać...

Stać mnie na wiele rzeczy i na wiele sobie pozwalam. Ale też nie jestem rozrzutny. Często z Anią zastanawiamy się nad kupnem jakichś rzeczy, jeśli nie jesteśmy przekonani, czy są warte swojej ceny.

Sprawdzacie, w którym hipermarkecie jest tańsze masło...

Nie, masła w ogóle nie kupujemy.

Pamiętacie, że nie zawsze było tak dobrze?

Oczywiście. Historia Ani daje wiele do myślenia. Przez jakiś czas żyła w dobrobycie, jej tata zarabiał duże pieniądze, mama również. Ale tata kazał mamie zajmować się tylko rodziną. A potem z dnia na dzień uciekł. Zostali z niczym, zero, pomagał im Caritas. Ania więc wie, jak to jest mieć pieniądze i nagle je stracić. Ja też kiedyś musiałem parę miesięcy zbierać na buty. Trochę mi babcia dawała, tata, jak wysprzątałem mu auto... I tak zbierałem do skarbonki po dziesięć czy dwadzieścia złotych, żeby mieć na korki.

À propos twojej żony Ani. W którym momencie życia się pojawiła?

Poznaliśmy się na studiach na trzydniowym seminarium zapoznawczym przed rozpoczęciem roku. To było na Mazurach. Nie mogłem pojechać na trzy dni, bo akurat miałem mecz, dojechałem na chwilę. Razem studiowaliśmy w Wyższej Szkole Edukacji w Sporcie. Na dodatek okazało się, że ona trenuje w szkole w Pruszkowie, a ta szkoła była zaraz obok stadionu, na którym ja trenowałem. Zaczęliśmy się spotykać. Kiedy przeprowadziłem się do Poznania, byliśmy już razem. Po pierwszym roku w Dortmundzie zajęła się moją dietą, zaczęliśmy sprawdzać zdrowe odżywianie.

Niestandardowa z was para. Nie było tak, że fajna dziewczyna leci na znanego piłkarza. Wtedy byłeś mało znany, zarabiałeś niewiele.

Zarabialiśmy podobnie, ona osiemset złotych, ja tysiąc. Oboje mieliśmy stypendium – ona dla karateków, ja dla piłkarzy.

Ma duży wpływ na twoją karierę.

Tak, ma duży wpływ. W pierwszym roku w Dortmundzie czasami jak rano wychodziłem na trening, byłem zmęczony, senny, mało pobudzony. Piłem mleko, jadłem dużo słodyczy. Zawsze byłem szczuplutki, umięśniony, więc myślałem, że wszystko jest OK. Okazało się, że jem za dużo słodyczy, mam nietolerancję na mleko, że to mi szkodzi. Po dwóch latach myśleliśmy, że w naszym odżywianiu już dużo zmieniło się na lepsze, ale Ania wciąż wprowadzała coś nowego. Nadal ciągle kombinuje z odżywianiem, teraz też, i wychodzi mi to na dobre.

Nie tęsknisz za tym, żeby zjeść pizzę albo schabowego, ziemniaczki, kapustkę?
Ale Ania czasami robi pizzę, naprawdę. Bezglutenową, są takie. Ziemniaki tak, kapusta tak. Schabowy jeszcze raczej długo, długo nie.

Obydwoje jesteście sportowcami. Pewnie nie potraficie spędzać leniwych wakacji, codziennie musicie się ruszać?
Jak przez parę dni nic nie robię, to mi odwala. Już potrzebuję treningu, adrenaliny, bo inaczej głupoty chodzą mi po głowie, na żyrandol wskoczę. Wzajemna motywacja powoduje, że razem nakręcamy się na aktywność, treningi.

Zaimponowałeś nam wyborem stałego miejsca na odpoczynek. Mazury, a nie Marbella czy Monte Carlo – to fajne,

patriotyczne. Mogłeś wszędzie sobie kupić dom, a kupiłeś na Mazurach.

Wybudowałem. Czuję sentyment do Mazur.

Jeździłeś tam kiedyś pod namiot?

Zanim wybudowaliśmy nasz dom, pojechaliśmy pod namioty z szesnastoosobową grupą. Padało, ale nam to nie przeszkadzało, bo na Mazurach jak pada, woda jest w miarę ciepła i można się kąpać. Tam odpoczywam, jak widzę wodę, jezioro, czuję spokój.

Ale jak się ruszysz do kurortu, spokojnie nie przejdziesz ulicą...

Zgadza się. Ale nie przeszkadza mi popularność. Przecież gram dla tych ludzi, sam tego chciałem. Czasami wywoływanie bezustannego zainteresowania jest jednak ciężkie. Człowiek na wakacjach chciałby od tego odsapnąć. Na szczęście Mazury nie są przeludnione.

Ale tam też wywołujesz sensację, jak latasz helikopterem.

Tak, ale na mniejszą skalę.

Znasz tych chłopaków, tę ekipę, która stoi pod sklepem przy piwku?

Oni mają swój mały stadionik, nazwali go El kampo, bo tam są niemal same kępy trawy. Jak coś potrzeba, wszystko załatwią. W poprzednie wakacje pewna starsza pani przyniosła mi truskawki ze swojego ogródka. Takie trochę żółte, trochę czerwone, jedne mniejsze, drugie większe. Daję słowo, lepszych w życiu nie jadłem.

Czyli integrujesz się z lokalną społecznością?
Na początku chciałem poznać tych ludzi, wyjść do nich, żeby nie czuli, że jestem obcy. Z drugiej strony jak tam jestem, odcinam się od świata, to jest to moja oaza spokoju.

Przyjaciele. Utrzymujesz kontakt z ludźmi ze szkoły średniej?
Tak. Cały czas trzymamy się razem. Prawie wszyscy moi przyjaciele czy znajomi z klasy świetnie sobie radzą w życiu. Prawnicy, po studiach, inteligentni, mają swoje cele życiowe, rozwinęli się. Jeden z nich jest moim prawnikiem, pracuje w jednej z lepszych kancelarii w Warszawie. To nie są przytakiwacze. Patrzą na mnie krytycznie, po partnersku, nikt nie jest we mnie zapatrzony jak w obrazek, bo mi się powiodło. Bardzo to cenię, bo nie uważam się za alfę i omegę, choć przyznaję, że były takie momenty, że już myślałem, że wszystko wiem. Kilka lat temu tak było, nie wypieram się tego.

Na koniec chcielibyśmy się odnieść do sprawy słynnego konfliktu z Błaszczykowskim...
Ja nie mam z tym żadnego problemu.

Inaczej. Jest szansa, że razem pojedziecie na wakacje?

Nie mam nic do Kuby, nigdy nie miałem, a jak miałem, od razu mu powiedziałem, że coś mi nie pasuje. Powiedziałem mu to prosto w oczy, więc żadnej urazy nie kryję.

Czyli wszystko jest OK?

Z mojej strony tak. Nie wiem, może Kuba ma coś do mnie, ale ja naprawdę nie jestem osobą pamiętliwą. Od razu z nim wszystko wyjaśniłem.

Rozdział V
Obcokrajowcy w kadrze, czyli czy warto farbować lisy

Emmanuel Olisadebe. Bez jego bramek nie byłoby
dla nas mundialu w Korei. Innym nowym obywatelom Polski
już tak dobrze w kadrze nie szło.

CEZARY KOWALSKI: Premier Mateusz Morawiecki w swoim exposé użył piłkarskiego porównania. Nie wdając się w szczegóły, nawiązywał do tego, że parę krajów obłowiło się dzięki naszemu potencjałowi i w ich reprezentacjach występują zawodnicy, którzy z racji pochodzenia czy miejsca urodzenia mogliby grać dla nas. I że trzeba zrobić wszystko, aby nie przepuszczać takich okazji.

MATEUSZ BOREK: Chyba miał trochę racji. Mamy wielu zdolnych naukowców, lekarzy, muzyków, no i piłkarzy, którzy nie pracują dla Polski, bo im nasze państwo nie za bardzo dało na to szansę.

C.K.: Temat targowania paszportami i przeciągania zawodników często powraca przed dużymi turniejami. Żeby tradycji stało się zadość, trener Adam Nawałka też powołał do kadry Ukraińca, który chwilę wcześniej odebrał polski paszport, czyli Tarasa Romanczuka. Były też przymiarki do Jamesa Tarkowskiego z Burnley. Jesienią 2017 roku pojawił się temat Williego Orbana. Zdolny obrońca RB Lipsk mógłby grać dla reprezentacji Polski. Urodził się co prawda w Niemczech, jego ojciec jest Węgrem, ale matka

Polką. Za każdym razem, kiedy media podają informację, że jakiś zawodnik wyróżniający się w Niemczech ma polskie korzenie i waha się, czy grać dla Polski, czy dla Niemiec, przypomina mi się sprawa Lukasa Podolskiego.

W 2003 roku Andrzej Kostyra, szef działu sportowego „Super Expressu", w którym pracowaliśmy, zlecił... namówienie do gry w polskiej reprezentacji młodego „Poldiego", który przyjechał do rodziny do Gliwic. Misja się udała w tym sensie, że Łukasz w koszulce polskiej reprezentacji uniósł kciuk w górę i powiedział: „Czemu nie, przecież jestem Polakiem". Osobiście do gry w polskiej ekipie namawiał go też kolega z 1 FC Köln Tomasz Kłos, twierdząc, że mentalnie Łukasz jest absolutnie Polakiem. Gazeta miała świetny materiał.

„Polacy chcą nam ukraść napastnika" – zagrzmiał chwilę później niemiecki odpowiednik „Bild" i było po sprawie. Od tego czasu Podolski rozegrał 130 meczów dla Niemców, strzelił 49 goli, został mistrzem świata, dwa razy zdobywał brązowy medal na mundialach, raz wicemistrzostwo Europy i takie tam... A chłop ma dopiero trzydzieści dwa lata (stan na 2018 rok).

Strzelał też gole w meczu przeciwko reprezentacji Polski na mistrzostwach Europy 2008 w Klagenfurcie, ale nie demonstrował radości. Ten stadion to w ogóle był śmiech na sali. Malutki obiekt z dostawionymi na mistrzostwa składanymi trybunami, aby mógł pomieścić wymaganą liczbę trzydziestu tysięcy widzów. Parkingi umiejscowiono w prawdziwym polu ziemniaków, strasznie się kurzyło. Ale Austriacy słusznie uznali, że nie ma sensu silić się jak w Polsce na jakieś megalomańskie budowle i trąbić o skoku cywilizacyjnym. Podobnie jak podczas wielu obiektów na zimowych igrzyskach olimpijskich zrobili lekką prowizorkę. I te rachityczne trybuny wypełnione w trzech czwartych Polakami (trudno powiedzieć, jak nasi kibice to zrobili, skoro dla nas przeznaczona była tylko pula jednej trzeciej biletów) wyły: „Chuj ci na imię, Podolski, chuj ci na imię". Przez całą rozgrzewkę. Raz z jednej strony, raz z drugiej. Lukas, kiedy zbliżał się do linii bocznej, a obelgi leciały jeszcze bardziej energicznie, tylko się uśmiechał i bez żadnego szyderstwa pokojowo machał kibicom.

No i załatwił nas. Dwa gole i do widzenia.

Konferencja prasowa po meczu, w jakimś wyścielonym wykładziną kontenerze. Też prowizorka. Uczestnikiem konferencji jest Podolski wybrany „Man of the match". „Czy mogę powiedzieć najpierw coś po polsku?" – szepnął „Poldi" do prowadzącego konferencję oficera prasowego z UEFA. Ten ewidentnie zaskoczony, po chwili zastanowienia i zmierzeniu wzrokiem niemieckiego dresu Lukasa, odparł: „Każdy reprezentant mówi w swoim języku, a później jest to tłumaczone. Taki jest regulamin". Podolski zatem zrezygnował i poprosił o pytanie. Pierwsze pytanie od niemieckiego dziennikarza: „Dlaczego nie cieszyłeś się po golach?". Na to Podolski: „Cieszyłem się, ale nie okazywałem radości, bo mam szacunek dla kraju, w którym się urodziłem, dla mojej rodziny i kibiców w Polsce".

Podolski jako jedyny z reprezentantów Niemiec nigdy nie śpiewał hymnu, co miało swoją wymowę i strasznie irytowało Niemców. Ale uwielbiali go. Mimo że lubił puścić oko do Polaków. Tak jak po meczu na mundialu w 2006 roku, kiedy Niemcy, wygrywając 1:0, wyrzucili nas z turnieju. Najpierw podszedł do grupki polskich dziennikarzy i widząc protestujących z tego powodu niemieckich reporterów, rzucił w naszym kierunku z szelmowskim uśmieszkiem: „Patrzcie, jak się »gupki denerwujo, bo nic nie rozumiejo«, trzeba się było języków uczyć, barany!".

My też lubiliśmy „Poldiego", mimo że zrobił nas w konia i koszulkę reprezentacji Polski zakładał tylko do zdjęcia w gazecie.

Rok 2001, Kaiserslautern. Redakcja wysłała nas do Niemiec, żeby zrobić materiał z Mirosławem Klose, który był wówczas na fali i grał w jednym klubie z naszym serdecznym kolegą z reprezentacji Tomaszem Kłosem. „Kłonio", człowiek ze Zgierza, bardzo się z Miro przyjaźnił i mówił nam: „Chłopaki, to Polak jest przecież. Ojciec Polak, matka Polka, w Polsce się urodził. Wyjechał dopiero, jak miał czternaście lat. Tylko po polsku gadamy. Jaja sobie z Niemców w szatni robimy. Nawet dziewczynę ma Polkę".

Zjawiamy się w knajpce na umówioną kolację, ale Kłos jest sam. „Zaraz Mirka wydzwonię. Nie denerwuje cie się". Gadamy, mija godzina, druga, Kłos co chwila wykręca numer, a Klose nie ma. Nie przyszedł, wyłączył telefon, wykręcił się później sianem. Już wtedy wiedział, że wybierze niemiecką drużynę, podszedł do tematu czysto ekonomicznie. W tamtym czasie nasza reprezentacja nie była może chłopcem do bicia, ale tylko o jeden stopień wyżej. Odrzucając warstwę sentymentalną, żadna atrakcja. W niemieckiej miał szansę na mistrzowskie tytuły i co za tym idzie: wielkie pieniądze. Klose w przeciwieństwie do Podolskiego jak natchniony śpiewał hymn niemiecki. Od pewnego momentu nie chciał już mówić po polsku i udzielać wywiadów polskim dziennikarzom. Z nami rozmawiał telefonicznie jeszcze w 2000 roku, zwierzając się, że Polska ma dla niego smak... lodów „Śnieżynek", które pamięta jeszcze z dziecięcych czasów w Opolu. Później powiedział podobno Podolskiemu, że z polskimi dziennikarzami nie gada, bo zbyt często... czuć od nich alkohol.

Na marginesie, na początku 2018 roku Klose zjawił się w swoim rodzinnym Opolu, gdzie – zresztą nie bez protestów – dostał tytuł honorowego obywatela miasta, aby otworzyć... niemieckie szkółki piłkarskie, w których będzie obowiązywać język niemiecki.

Z naszego punktu widzenia choćby jeden tej klasy zawodnik mógłby tak naprawdę pociągnąć i odmienić całą reprezentację. Tak jak jakiś czas temu Robert Lewandowski. Przecież wszystko na nim się opiera. Równie dobrze mogłoby wcześniej opierać się na Podolskim czy Klose, bo to bez wątpienia napastnicy podobnej klasy. Jeśli weźmiemy piętnaście dobrych reprezentacji europejskich, odrzucając te wybitne, jak Niemcy, Francja czy Hiszpania, to się okaże, że z grubsza prezentują podobną klasę, a w każdej z nich jest jeden as, na którym to wszystko się opiera. Jak choćby w reprezentacji Szwecji przez lata na Zlatanie Ibrahimoviciu.

Tyle że PZPN w tamtym czasie to nie była instytucja na tyle sprawnie zorganizowana, aby poważnie zająć się tak delikatnym tematem, a takie są przecież negocjacje w sprawie przyciągania do reprezentacji dobrych zawodników. To media wywoływały temat, a działacze, aby wreszcie pismaki się odczepiły, od niechcenia wykonywali jakiś tam ruch. Do Podolskiego ówczesny selekcjoner Paweł Janas wysłał swojego asystenta Edwarda Klejndinsta, a wcześniej Jerzy Engel, jak już było dawno pozamiatane, zapytał w przelocie w korytarzu Klose, czy nie chciałby grać dla nas.

M.B.: Z Klose i Podolskim było trochę tak, jak z bokserem Dariuszem Michalczewskim. Wybrał kraj, który w danej chwili mu się bardziej opłacał. I tyle. Część Polaków do dziś uważa „Tygrysa" za zdrajcę. Wielu Niemców go z kolei nie akceptowało, mówiąc, że to Polak. A na koniec i tak wyszedł spryt chłopaka z Gdańska. Ostatnią walkę zrobił w Polsce i boksował pod polską flagą. Bo zaczynał robić interes w Gdańsku. Wydymał wszystkich, mówiąc brutalnie. Tam zarabiał, a tu przyjechał na koniec kariery i wszyscy przyjęli go z otwartymi ramionami, roniąc łezkę wzruszenia podczas wciągania biało-czerwonej na maszt. No, ale boks to jednak co innego niż piłka nożna. Tu reprezentację możesz zmienić tylko raz. Jeśli zagrasz mecz o punkty w jakichkolwiek eliminacjach w reprezentacji seniorów, do innych droga się zamyka.

C.K.: Zdając sobie sprawę ze słabości zawodników, którzy byli do dyspozycji przed Euro 2012, selekcjoner Franciszek Smuda poszedł na całość. Na potęgę ściągał graczy z polskimi paszportami. Janek Tomaszewski ukuł mało elegancki termin: „farbowane lisy". Niestety, żaden z nich nie był zawodnikiem, o którego stoczyliśmy niezwykle zacięty bój i wyrywaliśmy innym nacjom. To byli piłkarze, którzy nie mieli żadnych szans zagrać dla Niemców czy Francuzów. Żaden nawet nie zbliżył się klasą do wspominanej wcześniej dwójki wirtuozów. Ot, gracze solidni, przesiani już przez sito w krajach, w których się wychowali, i wypluci przez tamte systemy. Owszem, oni bardzo chcieli u nas zagrać, ale dopiero wtedy, kiedy zrozumieli, że nie zagrają dla Niemców czy Francuzów: Sebastian Boenisch, Eugen Polanski, Damien Perquis czy Ludovic Obraniak. Wszyscy po swoich krótszych bądź dłuższych epizodach w kadrze śmiertelnie się obrażali na Polskę. Boenisch na usilne prośby o wywiad odpisał w końcu jednemu z polskich dziennikarzy: NEIN!

Źle to wyszło w 2012 roku, ale każdy przypadek powinno się traktować indywidualnie, każdy jest inny. O Podolskim, Klose i innych piłkarzach urodzonych w latach osiemdziesiątych mówiono, że to gracze, za których niemieccy kibice powinni wysłać podziękowania generałowi Jaruzelskiemu i jego komunistycznej juncie, przez którą wielu Polaków emigrowało. Ale za chwilę będziemy mieli podobną sytuację z Polakami, którzy po 2004 roku wyjechali do Anglii, Irlandii, Niemiec, Belgii, Holandii, nie wrócili i do tamtejszych znakomitych szkółek posłali swoje pociechy. Naprawdę warto tego przypilnować.

Systemowo. Rozbudować istniejącą komórkę między-narodowego skautingu w PZPN, przeznaczyć więcej pieniędzy na monitoring. Rozmawiać z rodzicami, menedżerami, zawodnikami. Czasem nawet uciekać się do forteli, jak robią to w innych reprezentacjach. Amerykanie utalentowanego obrońcę Chelsea Londyn Mateusza Miazgę wystawili w meczu o punkty elimi-nacji mundialu z... reprezentacją Saint Kitts and Nevis – minipaństewka na Morzu Karaibskim. Po to, żeby przestał myśleć o drużynie Adama Nawałki. Hiszpa-nie w podobny sposób załatwili sobie Marokańczyka Munira...

Postawienie sprawy w ten sposób: albo chcesz grać dla nas, albo dla nich, i musisz sam pod-jąć decyzję, to z reguły spisanie zawodnika na straty. Wiadomo, że raczej wybierze miejsce, gdzie mieszka, gdzie doradzają mu miejscowi. A że istnieje ryzyko, że damy zadebiutować w kadrze komuś na wyrost, kto jeszcze na to nie zasługuje? Da się przeżyć. Potraktuj-my to jako jeden ze środków do osiągnięcia celu. Mo-żemy wymienić dziesiątki piłkarzy, którzy trafiali do kadry, choć kompletnie się do niej nie nadawali, i wia-domo było o tym od samego początku.

M.B.: To pewien paradoks, ale z dawnej eki-py Smudy do obecnej kadry najbardziej nadawałby się Polanski, który był kiedyś kapitanem niemieckiej młodzieżówki. Pomocnik rodem z Sosnowca z regu-ły się sprawdzał i pewnie do tej pory grałby w naszej kadrze, gdyby nie zawiodła, powiedzmy... warstwa ko-munikacyjna. Nie można nie zdementować, być może

nawet lekko podkoloryzowanej przez reportera wypowiedzi w stylu: „Treningi Nawałki są nudne". Taka
wypowiedź Polanskiego się ukazała i nie została przez
niego zdementowana. Nawałka poczuł się urażony,
w tym samym czasie grający na jego pozycji Grzegorz
Krychowiak był w świetnej formie… O Polanskim łatwo zapomnieliśmy. A szkoda. Jak wyjeżdżał do Hiszpanii z Borussii Mönchengladbach, jego ówczesny
trener, słynny Bernd Schuster, mówił, że Eugen jest
jednym z najlepszych, najbardziej kreatywnych niemieckich piłkarzy. Getafe miało być dla niego jedynie przystankiem do wielkiej kariery. Złapał jednak
ciężką kontuzję i już nie wrócił do takiego samego
grania. Przestał być piłkarzem tak mocno ofensyw-
nym, strzelającym gole, notującym asysty. Wciąż dużo
biegał, był mądry, bardzo odpowiedzialny, ale już nie
miał takiego parcia na bramkę. Pozostał bardzo dobry,
ale tylko tyle. Wiadomo było, że już mu się w karierze nie zdarzą największe hiszpańskie kluby i wrócił
do Niemiec. Dlatego Smuda mógł go ściągnąć. Polanskiego kusiła oczywiście perspektywa gry na dużym
turnieju Euro 2012. Oczywiste też, że w rozmowach
na temat klubowych kontraktów masz więcej atutów
w ręku, jeśli jesteś reprezentantem kraju, który gra
w dużym turnieju. Nie można też naturalnie pomi-
jać faktu, który jest zwykle poruszany w oficjalnych
wypowiedziach takich, że odkrywają swoje korzenie,
w głębi serca czują Polskę itp. Jedni mówią serio, inni
udają. Nazwijmy to romantycznym cynizmem.
　　Pamiętam, jak Polacy wzruszyli się historią
rodziny Obraniaka spod Poznania, której członków

śmiało można nazwać polskimi bohaterami. Samo zachowanie piłkarza na początku też było świetne, imponował dobroczynnymi akcjami, chciał budować domy dziecka, miał nauczyć się języka polskiego. Akurat w tamtym czasie brakowało nam zawodnika, który potrafił strzelić z większej odległości, dobrze wykonać stały fragment gry, pokierować zespołem, zagrać długą piłkę. Grał zresztą już u Beenhakkera, a później u Smudy, Waldemara Fornalika. Zaczęło to jednak wyglądać coraz gorzej, przyjeżdżał na kadrę z przeświadczeniem, że należy mu się miejsce w pierwszym składzie, miał muchy w nosie, obrażał się. Ogłosił, że nie zagra w reprezentacji Polski, dopóki selekcjonerem jest Waldemar Fornalik, bo nie jest traktowany z należytym szacunkiem. Języka się nie nauczył. Legendą reprezentacji Polski nie został, ale rozegrał w niej 34 mecze. Wielu znakomitych kiedyś reprezentantów aż tylu nie zaliczyło.

C.K.: Roger Guerreiro, Brazylijczyk naturalizowany na prośbę Leo Beenhakkera, miał tych występów 25.

M.B.: Nigdy nie byłem zwolennikiem Rogera Guerreiro, bo uważałem, że ma zbyt duże obciążenia motoryczne, aby grać w reprezentacji Polski na najwyższym poziomie. Co zresztą się potwierdziło, bo jak wyjechał z Polski, praktycznie zniknął. Nie dał rady w Grecji, wrócił do Brazylii, potem rozpaczliwie szukał możliwości powrotu do polskiej ligi. Dziś chyba jeździ jako kierowca „ubera" w swojej prawdziwej ojczyźnie.

W historii polskiej piłki zapisał się jednak na wieki. Jest pierwszym reprezentantem Polski, który zdobył gola podczas mistrzostw Europy (Austria 2008).

C.K.: Cudzoziemski szlak przecierał Nigeryjczyk Emmanuel Olisadebe, który grał dla Polski w latach 2000–2004. W 25 meczach strzelił 11 goli i w dużej mierze dzięki niemu po szesnastu latach pojechaliśmy na mundial do Korei w 2002 roku.

M.B.: Z Olisadebe było tak: Engelowi w ataku nie pasował Andrzej Juskowiak, w ogóle nie chciał Artura Wichniarka, wierzył co prawda w Marcina Żewłakowa, ale szykował go do roli zmiennika, wymyślił więc Olisadebe, którego znał wcześniej. Wiadomo było, że Emmanuel chce się związać z Polską na dłużej, jego narzeczoną była Beata Smolińska. Dostał obywatelstwo od Aleksandra Kwaśniewskiego, Ryszard Kalisz pląsał na jego weselisku. Debiutował w towarzyskim meczu z Rumunią, piłka spadła mu pod nogi, strzelił gola z metra. Zespół go dobrze przyjął. Na początku trochę ich denerwowało, że trenował mniej niż oni, bo ciągle miał jakieś urazy, a w końcu zawsze wychodził w pierwszym składzie. Ale ta złość mijała, jak się okazywało, że chłop praktycznie w każdym meczu pomaga, zdobywa bramki.

Był ciekawą postacią. Na pierwszy rzut oka wydawał się zamknięty i skryty. Na początku udawał, że nie rozumie po polsku. Ale wszystko rozumiał, wszystko kumał. Zawsze wolał rozmawiać po angielsku, trochę się wstydził swojej polszczyzny. Szybko zintegrował się z grupą, choć prowadził bardziej higieniczny tryb życia od nich. Ale jak wychodzili na miasto, to wszyscy razem. To było charakterystyczne dla tamtej kadry. Nikt się nie wyłamywał. Olisadebe jednak o pierwszej czy wpół do drugiej w nocy zawsze grzecznie się żegnał i wychodził. Ale to był wesoły chłopak. Jak grał już w Grecji w Skodzie Ksanti, zresztą razem z dwoma polskimi piłkarzami – Arkadiuszem Malarzem i Tomaszem Wisio, przyleciałem tam. Dzwonię z lotniska, że jestem. Miasteczko małe, powiedziałbym średnie do życia. A on roześmiany podaje mi adres jakiegoś lokalu. Jest późny wieczór, środek tygodnia, powinien się pilnować. Okazało się, że pokłócił się z trenerem i się wyluzował, więcej czasu spędzał w barach i restauracja. Później pojechał do Chin. Tam grał super. Strzelał gola za golem.

Dwa lata temu przyjechał do Polski w jakichś biznesach. Nie poznałem go, taki miał brzuch. Ciemne okulary. Prawdziwy „Emmanuello". Prowadzi interesy w Nigerii. Powiedział mi, że Chińczycy byli wobec niego bardzo w porządku. Jak złapał kontuzję, przedłużyli mu kontrakt jeszcze o rok i normalnie płacili w trakcie leczenia, pokryli koszty wszystkich operacji i dali pieniądze ekstra. Mieszka w Lagos, z Beatą chyba ich drogi się rozeszły. Raz w tygodniu spotyka się z byłymi reprezentantami Nigerii, aby pokopać piłkę. On pochodzi z rodziny inteligenckiej, mama była nauczycielką, ojciec państwowym urzędnikiem wysokiego szczebla. To nie był chłopak z afrykańskiej biedy, był dobrze wykształcony, studiował, inteligentny, można było z nim pogadać na wiele tematów, jego wiedza zaskakiwała. Był bardzo dobrym zawodnikiem, ale pewnie w skali dużej piłki trochę limitowanym, posturę miał jak sprinter, taki nabity mięśniami.

C.K.: Krążyła plotka, że miał „skręcony licznik", że ktoś przerobił jego prawdziwy rok urodzenia. Ponoć naprawdę urodził się w 1973 roku, a w papiery wpisano mu 1978, żeby uchodził za młodszego, bardziej wartościowego i perspektywicznego. Często mi o tym mówił jeden z wysoko postawionych kiedyś działaczy, chociaż zawsze po pijaku...

M.B.: Ten grecki pseudonim Emmanuela był bardzo ciekawy: „Manolis", czyli zbawca. Myślę, że także u nas w pewnym czasie nie byłoby nadużyciem tak o nim mówić...

C.K.: Ale ja generalnie jestem przeciw wciskaniu paszportów obcokrajowcom, bo do czego to zaprowadzi? Wystarczy, że kluby są kosmopolityczne i na przykład w takiej Wiśle Kraków zdarzają się mecze, w których występuje tylko jeden Polak. Niech chociaż reprezentacje pozostaną naprawdę reprezentacjami narodowymi.

M.B.: Z drugiej strony jak popatrzymy na Klose czy Podolskiego, to Niemcy nam zabrali zawodników tylko dlatego, że są bogatszym krajem. Ich rodzice pojechali tam za chlebem, bo u nas była bieda. Dzięki temu Niemcy mogli wykorzystać talenty z Polski w swojej reprezentacji. Przecież Mirek Klose jest najskuteczniejszym piłkarzem w historii mistrzostw świata, wbił na nich 16 goli. A u Niemców, co też jest rekordem, 71 goli. Pewnie nie wszystko da się w piłce przełożyć jeden do jednego, ale pomyślmy sobie, że ten potencjał mógł być wykorzystywany u nas. A dołóż jeszcze Podolskiego czy Trochowskiego.

C.K.: Każdy przypadek jest inny. Musi być jednak pewność, że chłop zdecydowanie chce grać dla Polski. Bywało przecież, że chodziło o coś zupełnie innego. Tak jak choćby Andy Jonhson. Odnalazł polskie korzenie i podpuścił media, żeby narobiły szumu wokół tego. Okazało się, że tylko po to, aby skierować na siebie uwagę selekcjonera reprezentacji Anglii. I cel osiągnął.

M.B.: Zgadzam się z tobą, że warto pomyśleć o przyszłości. Na skutek niedawnej fali emigracji wkrótce będziemy mieć powtórkę z takich sytuacji, jak z Podolskim czy Klose. Już teraz można przypuszczać, że za parę lat będziemy mieć topowych zawodników w wielu klubach w Anglii. I wcale nie dlatego, że Anglicy kupią ich z naszej ligi. To będą dzieciaki tych wszystkich ludzi, którzy wyjechali na Wyspy na zmywak, dzisiaj już trenują w brytyjskich szkółkach piłkarskich. Dopiero wtedy zaczną się przepychanki między polską a angielską federacją. Bo to nie jest tak, że Anglicy rodzą się potencjalnie zdolniejszymi piłkarzami niż Polacy...

Rozdział VI

Euro we Francji, czyli zmierzch mistrzostw w obecnej formule

We Francji ciekawie było tylko na boisku. W Marsylii ekipa Nawałki nie dała się mistrzom świata Niemcom.

CEZARY KOWALSKI: Współczesne turnieje piłkarskie, które mamy okazję obserwować jako komentatorzy i reporterzy, to imprezy, które przez lata były radosnymi świętami sportowymi, kiedy przez miesiąc futbol spychał na dalszy plan wszelkie inne problemy. Zawsze tak było aż do mistrzostw Europy we Francji w 2016 roku. To znak czasów, że za największy sukces tego turnieju uznano fakt, że nie doszło do zmasowanego ataku terrorystycznego. Udało się w miarę bezpiecznie przeprowadzić imprezę, którą zapowiadano jako tykającą bombę i której Europa autentycznie się obawiała. Triumf organizatorów polegał na tym, że nikt nie zginął w zamachu. A że gdzieś przy okazji uleciał sport i autentyczna radość, jaką dotychczas niosły tego typu imprezy, to już inna sprawa.

Po zamachach jesienią 2015 roku w Paryżu i w 2016 roku w Brukseli było oczywiste, że organizacja piłkarskich mistrzostw Europy to dla Francuzów raczej kłopot niż powód do świętowania. Biorąc pod uwagę fakt, że w tym samym czasie nałożyły się na to kłopoty ekonomiczne, strajki, można sobie wyobrazić, na którym miejscu w hierarchii zaprzątania sobie głowy gospodarze imprezy stawiali futbol. Powiedzenie, że mieli Euro głęboko w nosie, byłoby przesadą, ale... W zderzeniu z tym, co widzieliśmy w 2012 roku w Polsce i na Ukrainie, z tą autentyczną świeżością, impreza we Francji była jak posiadówka u zblazowanego, podstarzałego bogacza, który postanowił podjąć gości chipsami i od początku modlił się o to, aby wszyscy jak najszybciej poleźli do domów. Podczas Euro przemierzyłem we Francji tysiące kilometrów, szukając nieco na siłę pozytywów, czegoś, co mnie mile zaskoczy, zafascynuje, sprawi, że rozdziawię usta i powiem pod nosem: Wow! To był dobry pomysł, że UEFA postanowiła zorganizować rozgrywki właśnie tutaj. Szukałem nawet niewielkich detali przyciągających do tego miejsca, dzięki którym wrócę tu za chwilę z rodziną na wakacje. Oczywiście nie chodzi mi o wspaniałe francuskie dziedzictwo kulturowe, zabytki, przyrodę, kuchnię etc., tylko o atmosferę, którą, jak wiadomo, czynią przede wszystkim ludzie. I kiedy po dziesięciu dniach w Saint-Étienne spotkałem kultowego już sprawozdawcę polskiego radia i naszego serdecznego przyjaciela Andrzeja Janisza, który jeździł po Francji nieco innym szlakiem, i usłyszałem, że to zmierzch mistrzostw Europy w znanej nam formule, odetchnąłem. To znaczy, że nie popadłem w skrajny pesymizm, nie przesadzam z oczekiwaniami i odczuciami. W ten sposób odbierała atmosferę podczas turnieju większość gości tej imprezy. Z ust komentatorów i kibiców rozeźlonych na wszechogarniający bałagan padały nawet takie słowa, że jeśli Europa będzie się rozpadać, to wszystko zacznie się właśnie we Francji.

Trzeba było widzieć złość Polaków, którzy z braku miejsca pod stadionem parkowali samochody w wąskich uliczkach podparyskiego Saint-Denis (mecz z Niemcami), a kiedy wrócili, zastali je zdewastowane. I policjanta, który mówił, że muszą to zgłosić na komisariacie, ale nie ma pojęcia, gdzie on się znajduje, bo... nie jest stąd. Na Euro ściągnięto go z innej części Francji. A jak już sami nieszczęśnicy znajdywali komisariat, okazywało się, że na przyjęcie zgłoszenia trzeba czekać może nawet do rana, bo kolejka jest długa, a przyjmujący policjant tylko jeden! Resztę skierowano do zabezpieczenia meczu.

Podróż porannym pociągiem stanowiła od początku dnia mistrzostw pewną loterię. Odjedzie TGV, na który masz wykupiony bilet za 80, 100 czy 150 euro, lub nie odjedzie. Będzie strajk czy nie? Emocje jak podczas meczu... Często były też pociągi, na które wystawiono elektroniczne bilety, a których w ogóle nie było w rozkładzie. Pół biedy, jeśli odjeżdżał następny skład i można się było załapać na kilkugodzinną jazdę na stojąco. Ale bywało, że reporterzy i kibice, aby dojechać na mecz z jednego wielkiego europejskiego miasta do drugiego, skrzykiwali się i wynajmowali busy. Strajki w Air France podczas imprezy, na którą zjechało się kilka milionów ludzi, też nie ułatwiały życia. Jasne, że towar jest warty tyle, ile ktoś za niego zapłaci, ale jakoś nie chce mi się wierzyć, że 18 euro za lekkie małe piwo w plastikowym kubeczku to wynik jedynie rachunku ekonomicznego. Chyba raczej tego, że ktoś tu kogoś robi w konia. Albo cena za nocleg w dwugwiazdkowym hotelu w Marsylii w dniu meczu: 390 euro za pokój bez żadnych wygód i choćby szklanki wody.

Pamiętam, jak przed Euro 2012 propagandowo przekonywano nas, że mistrzostwa to jest szansa dla nas wszystkich, aby zarobić, jeszcze mocniej otworzyć się na świat, pokazać, jacy jesteśmy wspaniali, uczynni, gościnni, jak świetnie posługujemy się językami obcymi. I odnoszę wrażenie, że z szansy skorzystaliśmy. Natomiast Francuzi sprawiali wrażenie, jakby za wszelką cenę chcieli ukryć swoje pozytywne cechy. Wyobrażałem sobie, jak bogaci muszą być taksówkarze w Bordeaux czy w Lyonie, kiedy widziałem na lotnisku czy dworcu kolejowym długie kolejki oczekujących po kilkadziesiąt minut na podwózkę. „Dokąd?" – zapytał kierowca, gdy cudem udało mi się złapać taxi w dniu meczu. „Na stadion" – odparłem. „Nie jadę" – mruknął i zasunął okno. Idąc piechotą kilka kilometrów na stadion, miałem czas, aby powspominać filmy Barei. Nie mam też pojęcia, co to za biznesowa zasada, która nakazywała zamykać wszelkie bary i restauracje zaraz po meczach, zamiast ugościć naprawdę spokojnych kibiców z Walii, Słowacji, Czech czy Węgier i pozwolić im zostawić pieniądze.

Po kilku dniach trzeba się było przyzwyczaić do faktu, że na stadionach nikt z wielu setek ludzi obsługujących mecz nie jest w stanie ci właściwie w niczym pomóc (wskazanie miejsca odebrania biletów dla właścicieli praw telewizyjnych, biura prasowego, stanowisk komentatorskich, wejść do mixed zony itp.). Wielu pracowników po prostu nie zostało przygotowanych do swojej roli. Przebrano ich w uniformy Euro 2016, rozstawiono w różnych miejscach i tyle. „Rozumiem twoje pytanie, ale naprawdę nie wiem, przykro mi" – to nie żart, ale autentyczna odpowiedź pracownika biura prasowego w Lyonie, którego ekspert Polsatu Czesław Michniewicz zapytał, którędy wyjść w stronę miasta.

Starszym reporterom z Polski pamiętającym komunę łezka się zakręciła w oku, kiedy przydzielono im kartki na korzystanie z toalet. Humorystycznym akcentem była też słynna lodówka z malutkimi buteleczkami piwa serwowanymi przez sponsora mistrzostw dziennikarzom akredytowanym w biurach prasowych. W trakcie meczu zamykano ją, owijając grubym łańcuchem. Napis na kartce informował, że zostanie otwarta dopiero po ostatniej odpowiedzi trenera podczas konferencji prasowej. Wtedy zjawiał się obok chłodziarki postawny ochroniarz, Murzyn, rozwijał łańcuch i kazał chętnym... wyciągać nadgarstek. Zanim wręczył przydzieloną butelkę, przybijał konsumentowi trudno zmywalną pieczątkę. Tak aby nie miał szansy skorzystać raz jeszcze z tej gościnności. Prawdopodobnie najbardziej oryginalnej jej formy na świecie... Ten przykład znakomicie obrazuje podejście gospodarzy do tematu.

Od 1998 roku obsługiwałem niemal wszystkie mistrzostwa Europy i świata, i naprawdę źle się czuję, zrzędząc. Irytują mnie reporterzy uważający się za pępek świata, na wszystkich patrzący z góry (mnóstwo jest takich, zwłaszcza reprezentujących najbardziej znane w Europie tytuły i stacje telewizyjne), niepotrafiący czy niechcący zrozumieć specyfiki miejsca i ludzi. Tym razem jednak przewaga opinii negatywnych na temat organizacji turnieju i atmosfery była wręcz miażdżąca. Po prostu nie dało się nie zauważyć, że to wszystko było robione na siłę. Jasne, że pewniej się czuliśmy, kiedy na każdym dworcu, skwerku, pod stadionem czy w galerii handlowej spacerowali żołnierze, trzymając palce na spuście karabinów maszynowych, nikt się nie obrażał na częste rewizje plecaków czy toreb na ulicy. Ani na procedury kontrolne przy wejściu do pociągu jadącego w kierunku Paryża albo na lotnisku. Znaliśmy powody i to było dla nas oczywiste. Nikt mi jednak nie wmówi, że to wszystko było normalne. Że organizuje się tak radosne z natury święto dla tak dużej liczby widzów w miejscu, które się do tego po prostu w tym momencie nie nadaje. O tym, jak bardzo ludzie mieli z tyłu głowy lęk o to, co może się wydarzyć, świadczyło zdarzenie ze strefy kibica w Paryżu podczas ćwierćfinałowego meczu gospodarzy z Islandią. Wystarczył jeden wybuch petardy, aby ludzie wpadli w panikę i uciekając, zaczęli się tratować.

Podczas Euro Francuzi na pewno nie zwariowali na punkcie piłki nożnej. Byli w stanie wykrzesać z siebie trochę pozytywnego szaleństwa, patriotycznego uniesienia w dniach, kiedy drużyna Didiera Deschampsa rozgrywała mecze. Ale nie było aż takiej „eurogłupawki" jak choćby w Polsce. Czy jednak można się temu dziwić? Dla Francuzów organizacja turniejów i zdobywanie na nich medali nie są niczym nowym. Byli już gospodarzami mistrzostw Europy i świata, wygrywali je w 1984 i 1998 roku. W 2016 roku efektu świeżości nie było.

Poziom sportowy też nie zachwycił. Nam turniej będzie się kojarzyć bardzo dobrze, bo drużyna Nawałki zagrała bardzo przyzwoicie. Ale gdybyśmy wyłączyli dobre emocje związane z naszym występem, uznalibyśmy zawody za bardzo przeciętne. Ale za to akurat Francuzów winić na pewno nie można. Ich reprezentacja grała w miarę ofensywnie i efektownie. Jeśli już mieć pretensje, to do jednego Francuza, który był największym nieobecnym turnieju, czyli do byłego prezydenta UEFA Michela Platiniego. To on wpadł na pomysł, aby podczas turnieju po raz pierwszy zagrały aż 24 drużyny. Owszem, dzięki temu mogliśmy trzymać kciuki za dzielnych Islandczyków, Albańczyków, Irlandczyków, Walia sprawiła sensację. Wpadło trochę świeżego powietrza na nieco skostniałe europejskie piłkarskie salony. Tylko że liczba drużyn i fakt, że można było wyjść z grupy nawet z trzeciego, czyli przedostatniego, miejsca, sprawiły, że zespoły zaczęły kalkulować. Grać defensywnie, na remis, nie ryzykować, nie rzucać wszystkich sił do ataku w pierwszych spotkaniach. Ktoś powie, że generalnie tak zmienił się współczesny futbol. Przecież w rozgrywkach klubowych poza Barceloną, Bayernem Monachium i w jakimś sensie Realem Madryt wszyscy grają defensywnie. Rewelacyjne Atlético na grze obronnej zbudowało swoją siłę itd. Wszystko prawda. Tyle że turniej to specyficzne rozgrywki. Rozgrywane w starej formule były lepsze, bo inaczej się gra, wiedząc, że trzeba wygrać grupę, a inaczej, kiedy istnieje świadomość, że mogą wystarczyć ci trzy remisy. To paradoks, ale wówczas mistrzostwo Europy zdobył zespół, który w fazie grupowej nie wygrał ani jednego meczu. Portugalczycy zremisowali z Austrią, Islandią i Węgrami. Wczłapali się do półfinału po dogrywce z Chorwacją i karnych z Polską. Zdecydowanie lepsi byli tylko z Walią, wygrali i czekali na łut szczęścia w finale z gospodarzami. I doczekali się, bo futbol wciąż jest nieprzewidywalny.

Przed mistrzostwami publicznie postawiłem tezę, że mistrzem będzie Francja i starałem się ją merytorycznie udowodnić. Podczas turnieju wszystko z grubsza zmierzało w tym kierunku, w finale również. Gdyby Gignac nie trafił w słupek, gdy to, gdyby tamto... W pierwszej chwili było mi nieco żal, że moje kalkulacje szlag trafił. Jednak bardzo dobrze, że w tej dyscyplinie jeszcze nie wszystko da się wyliczyć.

Po tym, jak wyglądała wielka impreza piłkarska we Francji, z ogromną nieufnością czekam na mundial w Rosji. Jeśli i tam będzie podobnie, czyli równie nieprzyjemnie, pojawią się zapewne coraz poważniejsze pytania, czy rozgrywanie mistrzostw w dotychczas znanej formule ma sens, czy nie trzeba będzie poszukać nowych rozwiązań, przemodelować rywalizację drużyn narodowych o najważniejsze trofea. Świat się zmienia, może trzeba też będzie zmienić reguły jednej z najbardziej konserwatywnych gier sportowych. W niewielkim na razie stopniu już się zaczyna to dziać. Przypomnę, że mistrzostwa Europy w 2020 roku nie będą miały jednego kraju gospodarza, odbędą się w trzynastu miastach w różnych krajach (Kopenhaga, Amsterdam, Bukareszt, Dublin, Bilbao, Bruksela, Budapeszt, Glasgow, Monachium, Sankt Petersburg, Rzym, Londyn i... Baku).

MATEUSZ BOREK: Zgadzam się z tobą co do Francji. Dla mnie każdy turniej jest wielkim świętem, wielkim wydarzeniem, czymś szczególnym nie tylko w życiu zawodowym, ale po prostu w życiu. Bo piłka to przecież moja pasja. Ale jeśli chodzi o przyjemność spędzania czasu, to był najgorszy turniej, na jakim byłem. Francja zadufana w sobie, Francja, w której nikt nie chce albo nie potrafi porozumiewać się w języku angielskim, Francja niebezpieczna. Od razu jak przyjechałem, było pod górkę. Podróż z lotniska do hotelu trwała prawie trzy godziny. Mieszkałem w Paryżu przy dworcu Garde de Lyon, bo postanowiłem, że po kraju będę poruszał się słynnym TGV. I miałem dokładnie te same problemy, o których wcześniej mówiłeś. To, że będzie drogo, wiedzieliśmy przed turniejem, ale ceny zaskoczyły nawet najbardziej niezależnych finansowo. Chyba gościnność gospodarzy nie powinna polegać na tym, że na każdym kroku winduje się ceny do jakichś monstrualnych rozmiarów. Nie możemy narzekać na swoją sytuację finansową, byłoby to grzechem. W zawodzie zarabiamy przyzwoicie, ale jeśli komuś się wydaje, że reporterzy sportowi z racji wyjazdów na imprezy typu Euro czy mundial zbijają kokosy, jest w błędzie. Jeśli chcesz żyć na normalnym poziomie, na jakim żyjesz w Polsce, podczas turnieju musisz być przygotowany na ogromne wydatki. We Francji można było odnieść wrażenie, że gości sproszono tam tylko po to, aby ich brutalnie złupić.

W pierwszej fazie turnieju, kiedy obaj komentowaliśmy mecze dzień po dniu w różnych miastach oddalonych od siebie o kilka setek kilometrów, trzeba było prowadzić bardzo higieniczny tryb życia. Wstawać o czwartej rano, iść na pociąg, przygotowywać się do meczu, mecz skomentować, a później dostać się do hotelu, co nie jest takie proste, jak nie kursuje komunikacja miejska. Później hotel, krótki sen i znowu w trasę. Bez dwóch zdań to fantastyczna przygoda, fajnie, że mogliśmy się tak pięknie zmęczyć przy okazji wielkiej piłki. Ale fatalna organizacja wszystkiego we Francji była koszmarna. Jechaliśmy samochodem z Tomkiem Hajto na mecz Belgia – Włochy. GPS pokazał nam, że mamy 22 minuty jazdy na stadion. Była 17.30. Mecz rozpoczynał się o godz. 21. Jechaliśmy

2,5 godziny w strugach deszczu. W ostatniej chwili dojeżdżamy do parkingu, na który mieliśmy wjazdówkę, a jakiś Francuz w towarzystwie policjanta każe nam zawracać. Pokazuję mu, że mam prawo wjechać, a on, że parking został zamknięty piętnaście minut temu i nie ma znaczenia, że tam jest jeszcze dwieście wolnych miejsc. Won! Wywalili nas. Zaparkowaliśmy kilometr od stadionu. Biegniemy w garniturach, w deszczu, jeszcze jakaś bramka, jeszcze jedna kontrola, później schody na trybunę, poszukiwanie naszego stanowiska komentatorskiego i jesteśmy. Godzina 20.48. Dwie minuty przed wejściem na antenę. Macham tylko do kogoś, żeby mi podrzucił składy i jedziemy. Kibica to zupełnie nie obchodzi, ale w jakim byliśmy stresie, to tylko my wiemy.

Z Czesiem Michniewiczem robiliśmy w Nicei mecz Hiszpania – Turcja. Ja jechałem pociągiem z Paryża, on z Marsylii. Mecz zaczynał się też o godz. 21. Wyjechaliśmy z hotelu o 17, bo stadion leży piętnaście kilometrów za miastem. Po wejściu do samochodu do godz. 19.30 nie przejechaliśmy nawet dwustu metrów. Takie korki na uliczkach w Nicei. W lewo zablokowane, w prawo zablokowane. Nic się nie dało zrobić. Mówię: „Dzwonię do Warszawy, żeby szykowali rezerwowego komentatora". Czesiek, który jest wyjątkowo ambitny i jako trener uwielbia oglądać mecze na żywo, mówi: „Nie, Mati, róbmy coś, musimy to zobaczyć, jesteśmy tak blisko. Gra Hiszpania, ja się przygotowałem, wszystko rozrysowałem"...

To co robimy? Wypadliśmy z auta, które prowadził kumpel i biegniemy w kierunku Promenady Słońca. Żaden autobus nie jeździ, żadnej taksówki nie ma. Próbujemy zatrzymać jakieś prywatne auto, ale się nie udaje. No to biegniemy dalej, z plecakami, spoceni. Czułem się jak Forrest Gump. W końcu zatrzymuje się jakiś gość z Algierii albo z innego kraju Maghrebu, malutkim dwudziestoletnim na oko peugeotem. W środku on i stary kudłaty, wielki, cuchnący pies. Bez przerwy ciekne mu ślina z pyska. Mówimy: „My polska telewizja, na mecz, podwieziesz?". A on: „Nie, nie pojadę". Czesiek miał łzy w oczach. Wyciągnąłem 50 euro, on pokręcił głową, że nie jedzie. Ale jak zobaczył stówkę, to się zgodził. Posadził mnie obok psa. Leciała mi ta psia ślina na koszulę, ale byłem szczęśliwy, że jedziemy. Czesiu na przednim siedzeniu cały w sierści, czerwony, spocony. A gościu zapierdziela jak Kubica, wyprzedza wszystkich na pełnym gazie. Czesiek trzymał się kurczowo za uchwyt nad bocznym oknem. Ale zdążyliśmy, znowu daliśmy radę.

Finał na Stade de France w Saint-Denis pod Paryżem robiłem z Włodkiem Lubańskim. Specjalnie na finał na akredytacji wprowadzono dodatkową gwiazdkę. Bez niej nie mogłeś wejść na stadion. Tę gwiazdkę należało odebrać dzień wcześniej. Odebrałem również za Włodka, ale nie miałem mu jej jak przekazać, bo spał u kolegi w Paryżu. Umówiliśmy się pod stadionem przed meczem. Czas mijał, Włodka nie ma. „Włodziu, gdzie jesteś?" – dzwonię. „Widzę po lewej centrum handlowe, nie mogę się przebić przez tłum" – odpowiada. Biegam wokół stadionu, szukam Włodka, centrum handlowego, żaden Francuz nie potrafi mi udzielić informacji, gdzie to może być, czas ucieka. Sto tysięcy ludzi, kilkadziesiąt bram. A ty za chwilę masz skomentować finał mistrzostw Europy. Znów byliśmy na ostatnią chwilę.

Nie czułem się fajnie w tej Francji. W drugiej części mistrzostw mieszkałem na Lazurowym Wybrzeżu. Stamtąd dojeżdżałem na mecze. W Nicei codziennie jadałem w knajpie oddalonej o sto metrów od miejsca, gdzie zaraz po mistrzostwach ten bydlak jeździł ciężarówką i zabijał ludzi. Jak siedziałem w tej knajpce, pewien Francuz powiedział mi, że w mieście jest dziesięć tysięcy wojska i setki tajniaków, bo po cichu ogłoszono najwyższy stopień zagrożenia terrorystycznego. Wiedzą, że jest planowany zamach w Nicei. Przysłali posiłki z całej Francji. Teraz sobie myślę, że przecież ci terroryści też musieli o tym wiedzieć i celowo odczekali na koniec mistrzostw Europy, kiedy czujność służb osłabła. Ciarki mnie przeszły, jak później zobaczyłem w telewizji dramat, który rozgrywał się dokładnie w miejscu, w którym byłem kilka dni wcześniej.

Odniosłem wrażenie, że Francuzi nie zmartwiliby się, gdyby turniej został odwołany i nie odbył się u nich latem 2016 roku. Im też wszystko przeszkadzało. Dla nich też zrobiło się horrendalnie drogo. Zwyczajni Francuzi chodzący codziennie do restauracji, na czas mistrzostw zmieniali swoje zwyczaje, bo ceny zrobiły się chore.

Dlatego jeszcze bardziej trzeba docenić polskich kibiców, którzy jeżdżą po całym świecie za naszą reprezentacją. Dziennikarzy w dużej mierze finansują redakcje, a oni muszą za wszystko zapłacić z własnej kieszeni. Weź, wydaj 400 euro za dobę w lichym hotelu po to, aby zobaczyć w akcji Lewandowskiego i spółkę. Łatwo nie jest.

Rozdział VII
Mundial 2018. Wylosowaliśmy pozornie łatwą grupę

Czy w wielkiej Rosji zobaczymy wielką reprezentację Polski?

ТУР К
ЧЕМПИОНА
ПО ФУТБО

CEZARY KOWALSKI: Mundial w Rosji to chyba pierwsze mistrzostwa, o których na długo, zanim się rozpoczęły, powstało kilka książek i wiele poważnych publikacji. Bo okoliczności wyboru FIFA, która wskazała na Rosję i cztery lata później na Katar, były skandaliczne. Już definitywnie prysnęły złudzenia, że imprezy organizowane przez światową piłkarską centralę mają coś wspólnego ze sprawiedliwym, rzeczowym wyborem. Tu wszystko jest z góry ukartowane. Nie owijając w bawełnę – Rosja sobie ten turniej kupiła. „Podejrzewaliśmy, że prawa do organizacji mundialu się nie wygrywa, tylko kupuje, a dziesiątki skorumpowanych działaczy bezkarnie napychają sobie kieszenie milionowymi łapówkami. Teraz mamy pewność. Rzeczywistość FIFA dalece wykracza poza najgorszy koszmar. Ich nie obowiązuje prawo ani żadne zasady. Są bezkarni. W starciu z FIFA organy każdego bez wyjątku państwa okazują się bezradne" – w taki sposób reklamuje swoje wydawnictwo „FIFA mafia" niemiecki dziennikarz Thomas Kistner. I przypomina, że śledztwo Komisji Etyki FIFA wykazało, że wybór Kataru jako organizatora mundialu w 2022 roku został kupiony. Były wiceprezydent FIFA Katarczyk

Mohamed Bin Hammam przekupił działaczy FIFA, aby zachęcić ich do głosowania na jego kraj. Ponadto Brytyjczycy zarzucili Rosji, że wygrała po nieuczciwej walce. Pisze Kistner: „Za kulisami mówi się, że umowa ze zwycięzcami została ustalona mniej więcej trzy tygodnie przed głosowaniem. Odpowiednio w noc triumfu zaprezentował się Władimir Putin. Demonstracyjnie pozostał w Moskwie, podczas gdy głowy państw z czterech kontynentów kłaniały się przed wyborcami FIFA. Jednak ledwie przegrani wrócili z ceremonii do swych zuryskich pokoi hotelowych, Rosjanin przybył swoim odrzutowcem i sam o godz. 21 wypełnił scenę FIFA. Opowiadał prasie o małym Władimirze, o piłce nożnej i o działających uspokajająco »pięciuset miliardach rezerw w złocie«, które Rosja ma w zanadrzu. Dodał, że nie był obecny podczas głosowania jedynie z szacunku dla FIFA, na którą inne strony wywierały nieuczciwy nacisk".

Legenda angielskiej piłki nożnej, Gary Lineker, w rozmowie z magazynem „GQ" powiedział, że skala korupcji w FIFA sprawia, że robi mu się niedobrze i twierdzi, że Anglia nie powinna starać się organizować mistrzostw świata, jeśli jedynym sposobem na zostanie wybranym jest łamanie i naginanie zasad. Lineker był częścią zespołu reprezentującego angielską kandydaturę do zorganizowania mundialu w 2018 roku (Rosja pozostawiła w pokonanym polu oprócz Anglii także startujące w tandemie: Belgię i Holandię oraz Hiszpanię i Portugalię; Katar wygryzł z rywalizacji Japonię, Australię, Koreę

Południową i USA). „Byłem z Davidem Beckhamem na burgerze w nocy poprzedzającej wybór. Staraliśmy się zyskać poparcie, tak samo jak i książę William czy David Cameron. Powiedziałem Becksowi: – Jesteśmy jedynym krajem, który to robi. Cała ta sprawa śmierdzi, wszystko jest już ustawione. Robi mi się niedobrze, od korupcji na szczytach FIFA można dostać mdłości" – powiedział Lineker.

A znane są jeszcze mocniejsze wypowiedzi. „FIFA i UEFA działają jak zorganizowane grupy przestępcze. Jestem pewien, że gdyby w jakimś kraju rząd funkcjonował w taki sposób, społeczeństwo wszczęłoby rewolucję" – to z kolei cytat ze słynnego wywiadu jednego z największych menedżerów w świecie piłki Włocha Mina Raioli (prowadzi między innymi interesy Zlatana Ibrahimovicia i naszego Bartosza Salamona).

Tuż po grudniowym losowaniu grup na mundial w Rosji w sieci krążył mem: „Putin godzinę przed losowaniem: moim marzeniem jest, aby Rosja trafiła na Egipt, Urugwaj i Arabię Saudyjską". Oczywiście z tymi rywalami gospodarze będą się mierzyć w pierwszej fazie turnieju. Pytanie, czy znając kulisy, należy do pewnych spraw podchodzić jedynie humorystycznie? Czy przypadkiem nie zdarzy się tak, że w Rosji gospodarze będą ciągnięci w górę za uszy?

MATEUSZ BOREK: W takich przypadkach od razu pojawia się zwykle temat tzw. ciepłych kulek, które są wyciągane z koszyczków przez sierotki podczas losowania. Zwolennicy spiskowych teorii twierdzą, że podgrzanie kulek z nazwami drużyn to jedyna metoda na ustawienie losowania. Zdaje się jako pierwsza wspomniała coś o tym Sophia Loren, która robiła za sierotkę podczas losowania przed mundialem w 1990 roku. W Polsce mówiło się, że Puchar Polski zawsze tak był losowany, aby w finale Legia grała z Lechem. Ale sam parę razy robiłem za sierotkę i nie czułem ciepła. Ci, którzy losują kulki, mówią, że podczas prób co prawda miesza się nimi, ale kręcą się w podobny sposób i jakąś kontrolę nad nimi można jednak mieć. Nie chce mi się wierzyć, aby to było możliwe na poziomie takich imprez jak mundial.

Ale... Wiadomo, że jak gospodarz odpada, to turniej już nie generuje takich zysków, już nie ma takiej temperatury. Pamiętasz mundial w 2002 roku, na który jechaliśmy po szesnastu latach? Przecież to był wałek za wałkiem. To, jak sędziowie kręcili, aby Korea utrzymywała się w grze, było niewyobrażalne. Chyba jeszcze nie było takiej sytuacji, że piłka o metr przekroczyła linię bramkową, a sędziowie nie uznali gola. Korea – Hiszpania, Korea – Włochy: masakra w sędziowaniu. W meczu z ekipą Engela na otwarcie jeszcze tego nie było widać, bo to były piłki stykowe. Ale też sędziowie wszystko gwizdali w jedną stronę. Teraz po raz pierwszy dopuszczony będzie system VAR (Video Assistant Referee). Pomoże wykluczyć błędy sędziów, które mogłyby wypaczać wyniki spotkań.

C.K.: W Polsce u schyłku 2017 roku były megaważne wydarzenia polityczne, a jednak, jak pokazują wyniki oglądalności telewizji, Polaków dużo bardziej interesowało losowanie, na kogo trafimy w grupie na mundialu w Rosji. Od połowy grudnia analizujemy naszych rywali, Kolumbię, Senegal i Japonię, gadamy o ich gwiazdach, o tych krajach, ich kulturze, temperamencie, pogodzie na czterech kontynentach itd.

M.B.: Samo losowanie wywołało ogólnonarodową debatę. Poza tym jak dochodzisz w sporcie do jakiegoś znaczącego punktu – na przykład ćwierćfinał mistrzostw Europy we Francji w 2016 roku był takim momentem, może nie wielkim sukcesem, ale czymś budującym – to chce się więcej. A skoro chce się więcej, nie życzymy sobie grupy śmierci z najsilniejszymi rywalami, z której nie sposób wyjść. Losowanie przed mundialem w Rosji wyszło gdzieś pośrodku. Trafiliśmy na trzy inne style gry, mamy grupę czterech kontynentów. Takie prawdziwe mistrzostwa świata w naszej grupie. Mamy możliwość delektowania się różnorodnością piłkarską.

Oczywiście słychać już głosy, że skandalem byłoby nie wyjść z tej grupy nie z pierwszego miejsca. Tylko że kalendarz mundialu jest trudny. Dlaczego? Przy założeniu, że Kolumbia wygra z Japonią w pierwszym meczu, to drugim meczem z nami praktycznie może świętować awans. Żeby oszczędzać sobie zawodników na pierwszy mecz w 1/8 finału. My zaczynamy z Senegalem, który jeszcze pełen wiary będzie grać o życie. Później mecz z Kolumbią.

A na sam koniec gramy z Japonią, która niezależnie od tego, ile będzie miała punktów – cztery, sześć czy zero – zagra z nami tak samo. Oni mają dusze samurajów, każdy mecz w narodowych barwach jest dla nich jak walka o życie i to nie jest tylko czcze gadanie. Gdyby któryś z zawodników miał odpuścić mecz, to, jak w filmie „Ptaki ciernistych krzewów" mówił pan Jabu, musiałby popełnić seppuku.

U nas mówi się, że jak nie wygramy z Kolumbią, to będzie tragedia. Ale jaka tragedia?! Z przodu są: Falcao (Monaco), Zapata (Sampdoria), Bacca (Villarreal), Muriel (Sevilla). My mamy na lewej stronie „Turbogrosika", który zroi przewagę, ale Kamil jest na dole drugiej ligi angielskiej, a na ich skrzydle gra facet, który praktycznie za każdym razem odmienia grę Juventusu Turyn, czyli Cuadrado. Świetny jest Carlos Sánchez z Fiorentiny wypożyczony do Espanyolu. Odpowiednik naszego Krychowiaka, który cały rok zmarnował. Na środku obrony kapitalny Davinson Sánchez z Tottenhamu, Yerry Mina z Barcelony. Mają kim grać Latynosi. Jeśli nie będziemy w wysokiej dyspozycji, spokojnie możemy z nimi przegrać.

Cała Polska będzie się modlić o zdrowie Lewandowskiego, żeby mu się nic nie stało, a oni mają bardziej zbilansowaną kadrę. Potrafili wygrywać nawet te mecze, w których nie grał Falcao. Jak mu się coś stanie, to wyjdzie Zapata, Muriel, Bacca i to nie będzie znacząca obniżka jakości ataku. Mają z pięciu zawodników, którzy są może z piętnaście procent słabsi od numeru jeden. A u nas jaka jest różnica między Lewandowskim a Teodorczykiem, Stępińskim czy Kownackim? Osiemdziesiąt procent? Dziękuję! Takie są fakty.

Kolumbijczycy cztery ostatnie mecze w eliminacjach zagrali słabo i do końca musieli się bić o awans z dziesięciozespołowej grupy Ameryki Południowej. Ale pamiętajmy, że oni jadą na mistrzostwa świata jako ćwierćfinalista z Brazylii, a my przez dwanaście lat na takim turnieju nie byliśmy. Przecież nasi chłopcy tak naprawdę nie wiedzą, czym to się je. Żaden z nich nie był na imprezie takiej rangi. Trzydziestoletni Lewandowski nigdy jeszcze nie grał na mundialu. Ma za sobą tylko udziały w mistrzostwach Europy. A to jest zupełnie coś innego. Tymczasem taki James Rodriguez strzelił cztery lata temu w Brazylii sześć goli.

No, jak kibic z kraju, który dwanaście lat temu dostał na mundialu w Niemczech łomot od Ekwadoru, może mówić, że jego zespół jest faworytem z drużyną, która cztery lata temu tylko przez wyjątkowego pecha nie dostała się do półfinału po zaciętym boju z gospodarzem – Brazylią? Rywal egzotyczny? A co Polska wie o Kolumbii? Że ten ćwierćfinał cztery lata temu to było ich największe osiągnięcie, a my dwa razy byliśmy trzecią drużyną świata. No, nie grzebmy w trupach. Dzisiaj na Kolumbię patrzymy przez pryzmat modnego serialu „Narcos" i słynnego Pabla Escobara oraz modnego w polskich nocnych klubach „tynku", bo przecież nie prawdziwej kokainy. A oni tam mają piłkę na bardzo wysokim poziomie.

Japończycy grają solidnie w klubach Bundesligi. Trzy gwiazdy to Kagawa, Honda, Okazaki. To prawda, że ci ofensywni gracze nie mają wybitnie dobrych statystyk. Ale bośniacki trener zamordysta Vahid Halihodzić ma ogromne doświadczenie, potrafił awansować na mistrzostwa świata z trzema różnymi reprezentacjami. Ostatnio więcej niż przyzwoicie spisał się z Algierią. No i jest świetnym psychologiem. Wypierdzielił te trzy największe gwiazdy z trzech najważniejszych meczów w eliminacjach. W Japonii rozpętała się ogólnonarodowa dyskusja. Wydawało się oczywiste, że na koniec się dogadają i wszyscy zagrają dla Japonii, a Bośniak chciał jedynie pokazać, kto tu rządzi. No, ale się przeliczył. Nieco ponad dwa miesiące przed mundialem zawodnicy... wywalili jego. Drużynę objął Akira Nishino, uznany w Japonii trener, który wygrał azjatycką Ligę Mistrzów. Nowa miotła to powinien być atut Japończyków.

Mecz Southampton – Leicester w angielskiej Premier League z grudnia 2017. Wynik 1:4, gole: dla Southampton Yoshida, środkowy obrońca, dla Leicester Okazaki dwa plus asysta przy trzecim. Pierwsza taka historia w lidze angielskiej, najlepszej na świecie. Honda gra w meksykańskim klubie Pachuca. I jak ktoś mówi, że to nie jest szczyt piłki nożnej, to warto zapytać, kto z polskiej ligi mógłby dostać stamtąd ofertę, gdzie zarabia się najwięcej w całej Ameryce Południowej? Nikt? Brawo, dobra odpowiedź. Tam rozgrywki transmitują cztery największe telewizje, każdy mecz ligowy ogląda kilkadziesiąt milionów ludzi, a piłkarze to najwięksi bohaterowie popkultury, występują w reality show, serialach, reklamach, każdy zna ich z twarzy.

Od dwudziestu lat komentuję w Eurosporcie Puchar Narodów Afryki i zdaję sobie sprawę, jak trudnym rywalem może być Senegal. Wiadomo, że jeśli Afrykańczycy przegrają pierwszy mecz, zaraz się pokłócą w szatni. Ba, nie można wykluczyć, że już w samolocie, lecąc na mistrzostwa świata, pokłócą się o premie. Trzeba jednak zwrócić uwagę na trzy rzeczy. Po pierwsze, przed pierwszym meczem – właśnie z nami – będą przeświadczeni, że stać ich na rzeczy wielkie. Przypomnijmy, że nigdy przedstawiciela Afryki nie było w półfinale mistrzostw świata i w tej chwili cała Afryka kibicuje tym krajom, które awansowały, żeby po raz pierwszy osiągnąć ten cel.

W 2002 Senegal na inaugurację mundialu w Korei i Japonii ograł Francję i warto o tym pamiętać. W pierwszym meczu stać ich na rzeczy duże. Druga sprawa. My mamy Lewandowskiego, Glika, Zielińskiego, Piszczka i kilku innych w przyzwoitych klubach. Ale oni w angielskiej Premier League mają dziewięciu znakomitych zawodników i z dziesięciu czy piętnastu w lidze francuskiej. Gdybyśmy śledzili znaczenie poszczególnych graczy z Senegalu w futbolu europejskim i uczciwie to punktowali, na pewno wyjdzie nam przewaga Senegalu nad nami, i to znacząca. Trzecia sprawa to klasa tej drużyny jako takiej. Ostatnio doszli do ćwierćfinału, nie przegrywając ani jednego meczu. Odpadli dopiero po karnych z Kamerunem. Nie przegrali w ogóle ani jednego meczu z 2017 roku, biorąc pod uwagę mecze o dużą stawkę, jak i towarzyskie. Uważam, że to drużyna, która będzie dla nas bardzo niewygodna. Silna fizycznie, szybka, mobilna, odpowiedzialna taktycznie. To nie są chłopcy, którzy zeszli z baobabów i nagle zaczęli kopać piłkę...

Generalnie optymizm w narodzie jest duży. Mojego współkomentatora Tomka Hajto też poniosło, bo powiedział, że nie wyobraża sobie, abyśmy w takiej grupie nie zajęli pierwszego miejsca.

C.K.: Dużo łatwiejszy byłby scenariusz z jednym gigantem ze światowego futbolu, Hiszpanią albo Urugwajem, a później dwóch zdecydowanie łatwiejszych rywali, jak na przykład Maroko. Można byłoby rozegrać taką grupę strategicznie. Poza tym nikt by się nie obraził, gdybyśmy nie dali rady Hiszpanii, ewentualna porażka z Kolumbią będzie gorzej odebrana, a rywal nie jest dużo mniejszej klasy. W takiej grupie jak nasza każdy mecz jest meczem o życie. Mieliśmy okazję porozmawiać o tym z Nawałką. Przyznał nam rację. Zdaje sobie sprawę z tych wszystkich trudności – rywali, terminarza.

M.B.: Grupa jest szalenie trudna, ale jeśli z niej wyjdziemy, to już będzie krótka piłka. „Sky is the limit". Już naprawdę nie będziemy się musieli nikogo bać...

Spis treści